...ERS PARIS

SOUVENIRS D'AOUT 1871

PAR

UN ALSACIEN FRANÇAIS

(EMILE BOISSIÈRE)

MULHOUSE

IMPRIMERIE Vᵉ L. L. BADER

1871

A TRAVERS PARIS

A TRAVERS PARIS

SOUVENIRS D'AOUT 1871

PAR

UN ALSACIEN FRANÇAIS

(EMILE BOISSIÈRE)

MULHOUSE

IMPRIMERIE Vᵒ L. L. BADER

—

1871

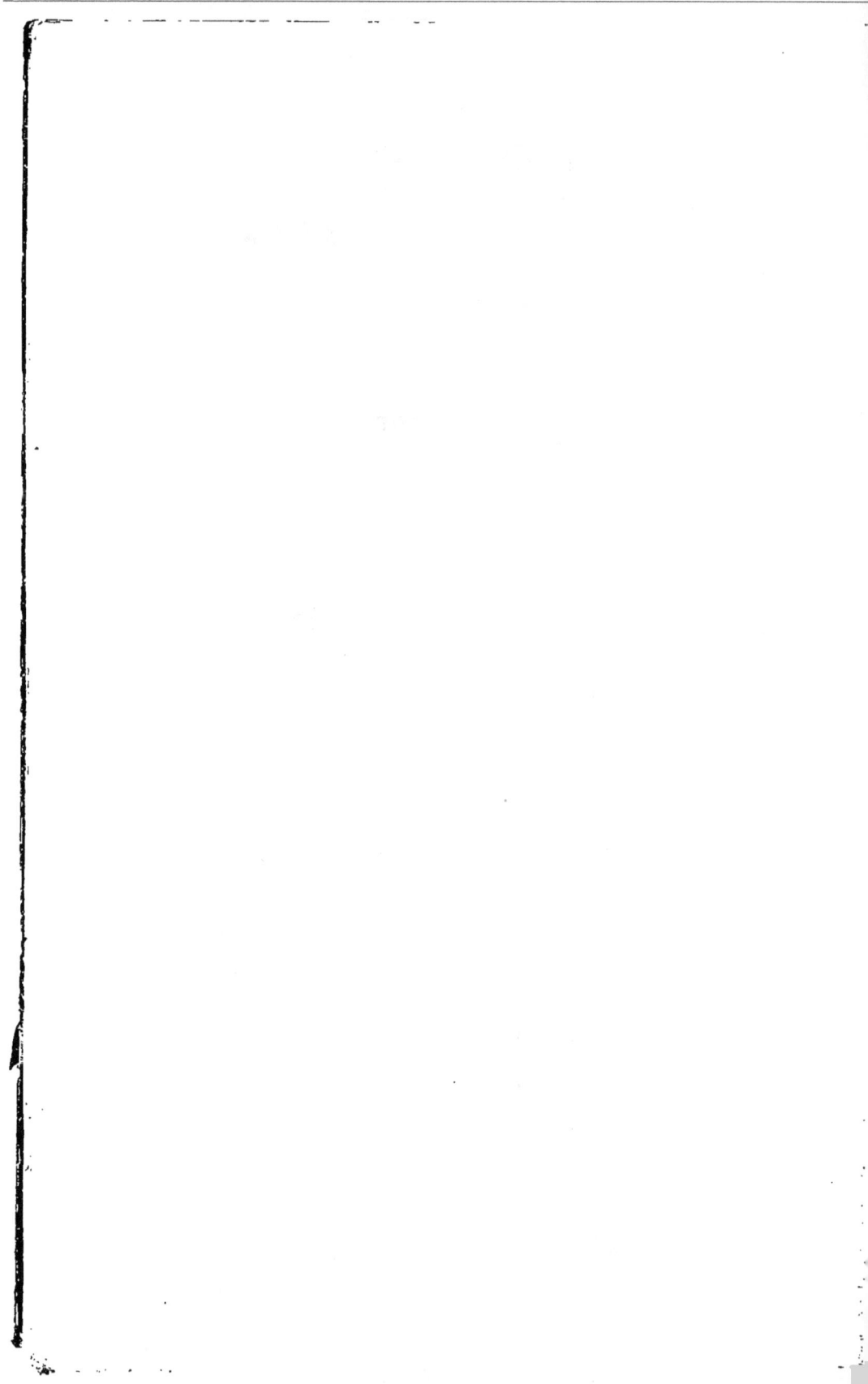

A M. LAZARE LANTZ

CONSEILLER MUNICIPAL DE LA VILLE DE MULHOUSE

CHEVALIER DE LA LÉGION D'HONNEUR

MONSIEUR ET CHER AMI,

Ces quelques pages sont d'un honnête homme, qui les veut dédier à un homme de cœur, vaillant citoyen et bon Français. L'estime de tous vous les offre en même temps que mon amitié.

Veuillez les agréer comme un public hommage, et comme un souvenir tout particulier de l'auteur.

Votre tout dévoué,

ÉMILE BOISSIÈRE

20 Octobre 1871.

TABLE DES MATIÈRES.

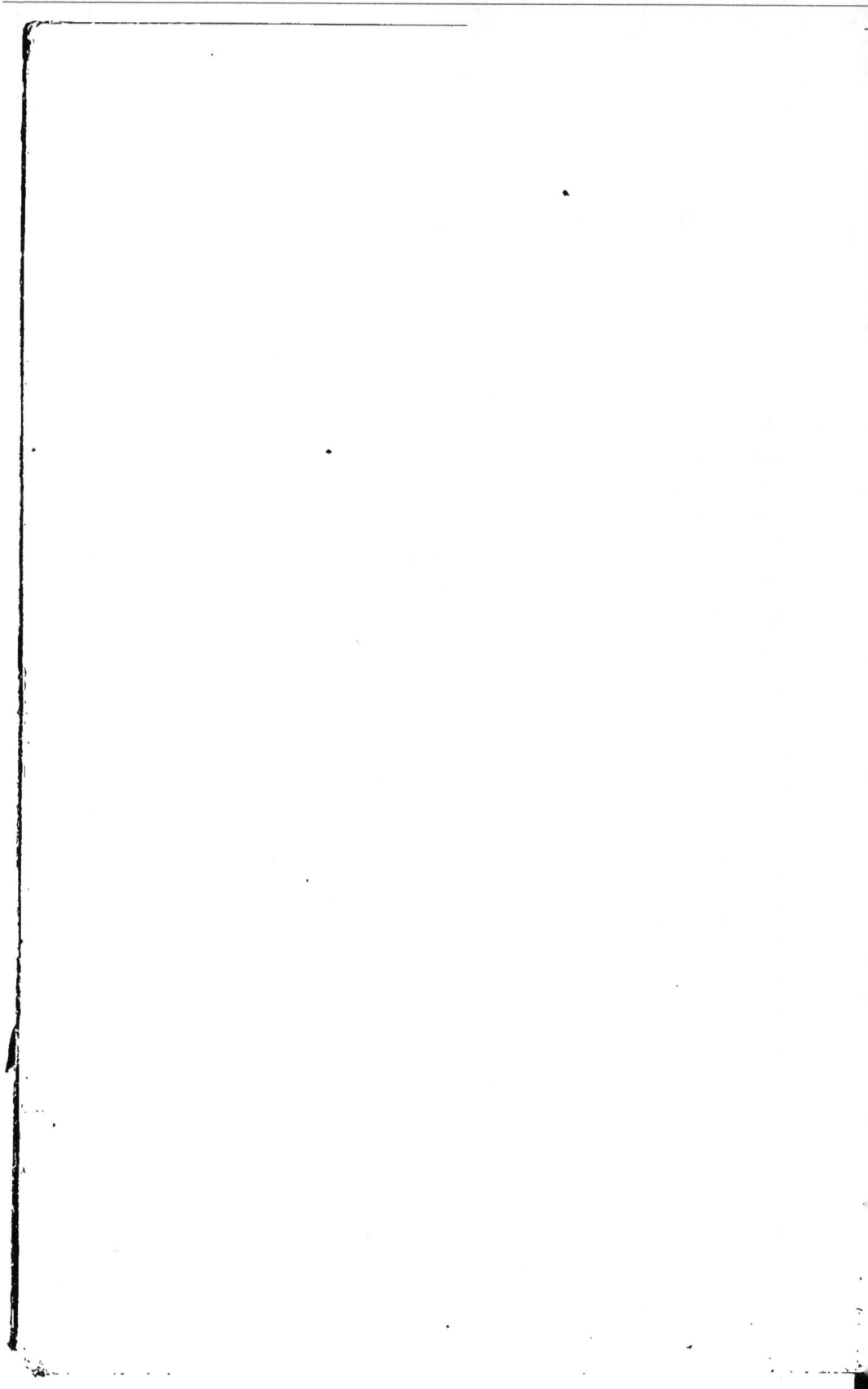

I.

Quand on arrive!

... La nuit, passée en chemin de fer, ne m'avait pas prédisposé à l'allégresse : naguère je n'aurais fait qu'un somme de Mulhouse à Paris, et ce somme eût été égayé de mille rêves joyeux, de chères et charmantes espérances. Aujourd'hui, j'avais veillé tout au long, pensant aux tristesses de l'arrivée, aux dévastations de la guerre étrangère, aux ruines de la guerre civile, à ce grand deuil que partage la France et que doit surtout porter Paris. Mon voyage était si différent des précédents! C'était le plaisir qui m'attirait autrefois à Paris; j'entreprenais cette fois un voyage d'affaires; et quelles affaires, bon Dieu!

Mais je ne voudrais pas trop parler de moi ou de mes impressions personnelles : je ne vois guère que moi que ces impressions puissent intéresser; à quoi bon les communiquer, à moins que de les étendre et de leur donner un caractère plus général, et qui frappe les plus indifférents? Eh quoi? Y a-t-il des indifférents? Y a-t-il, à l'heure présente, une impression, un sentiment, une idée dont la contagion, si je puis ainsi parler, ne gagne tous les esprits et tous les cœurs? Hélas! que ce soit notre consolation et notre espoir de penser que tous les cœurs battent à l'unisson, que nous souffrons des mêmes douleurs et que nous partageons les mêmes joies.

Cependant le train est arrivé, — avec une heure et demie de retard. Ce n'est rien, et c'est quelque chose : les souvenirs s'éveillent; c'est la guerre qui a fait ce retard, les ponts détruits, les rails dégradés, et tout ce qu'il est inutile de rappeler en somme. Voici Paris : j'ai vu les derniers casques prussiens reluire à Noisy-le Sec, le dernier drapeau ennemi flotter sur le fort d'Aubervilliers. Fermons les yeux, et entrons. Comme elle doit être consternée, la vieille capitale! Quel coup lui a porté cette double guerre, la première si douloureuse, l'autre si humiliante! Que dois-je voir? Que vais-je entendre?

J'entends d'abord les mêmes bruits,
je vois les mêmes visages ; le facteur,
le commissionnaire, le cocher n'ont pas changé ; je le regrette, je le regrette pour eux
et pour moi. Le facteur me casse ma malle,
et le commissionnaire me l'achève, tous
deux en réclamant un pourboire ; le cocher
m'emmène en maugréant, et si je ne le prenais
pas d'un peu haut, je crois bien qu'il me
renverrait à un confrère, mon unique colis
l'effrayant par sa dimension. Je suis, pourtant, poli au départ ; je ne manque pas de
générosité à l'arrivée ; que faire ? je ne peux
pas adresser d'excuses au cocher ; je puis encore moins me passer de malle. Ce sont là
de petites misères, — en attendant les autres.
Les autres ne tardent pas à m'apparaître au
front des maisons : quelle bataille ç'a été ! Du
rez-de-chaussée au cinquième étage les balles
ont laissé leur empreinte filante ; ici une
vieille maison s'appuie sur deux énormes ais
comme un invalide sur ses béquilles ; là les
fers des balcons se tordent comme les con-
vulsionnaires de Saint-Médard ; partout les
vitres aux fenêtres et les glaces aux devan-

tures des boutiques se bariolent de papiers
de toute couleur, en attendant le vitrier: rac-
commodage primitif et accusateur. Qu'est-ce
encore que cela au prix de ce qui m'attend?
J'ai débouché sur le boulevard ; et à ma
gauche j'aperçois les vastes décombres d'un
double incendie, la place où fut Deffieux, où
s'élevait la porte Saint-Martin : Deffieux, une
vieille renommée, le restaurant des noces
bourgeoises ! La porte Saint-Martin, autre renommée, le théâtre du drame romantique !
Paul de Kock, qui vient de mourir, avait célébré le restaurant ; Alexandre Dumas, qui
vient de mourir, avait illustré le théâtre. Et
tandis que la douleur tuait les deux hommes,
les deux édifices brûlaient et croulaient à la
grande joie des pétroleuses et du citoyen
Pyat !

Mon fiacre roule, cependant, et bat le pavé
qui remplace aujourd'hui le macadam sur le
boulevard de Strasbourg : autre effet des révolutions! Combien d'années y a-t-il qu'on
nous vantait ce macadam, préservatif infail-
lible contre les barricades? Oui, pardieu;
félicitons-en M. Haussmann, à moins de cé-

lébrer la supériorité de génie des communeux... Aujourd'hui, donc, le pavé, le large
pavé blanc, résistant, retentissant, le vieux
pavé a repris ses droits, de l'embarcadère
de Strasbourg jusqu'à la Seine : le pied ne
se perd plus dans une pâte molle et maréca-
geuse, et, sinon dans un marais, dans la
poussière ; le pavé, propre et lisse, bienfaisant
surtout, retentit au choc des roues et avertit
le passant craintif. Et voilà bien souvent
l'histoire du progrès et la morale des révolutions !

J'approche des halles : le mouvement, le
bruit et l'odeur du quartier m'avertissent à
la fois. Il est désagréable, ce bruit ; elle est
insupportable, cette odeur ; n'importe. Ces
halles centrales sont une belle chose et le
plus curieux des spectacles : ce monde des
nuits qui disparaît à l'aube ; ces vendeurs et
ces revendeurs du petit jour ; ces fruitiers
ambulants qui s'éparpillent dans tous les
sens de la ville ; cette criée incessante ; tout
ce monde hurlant, grouillant, querellant ; et
ces forts de la halle, et ces dames, mesdames
les poissardes ; et les gros acheteurs, et les

petites bourgeoises, — tout, enfin, vous fournit un spectacle intéressant entre tous et très digne d'attention. Seulement il ne faut pas être en fiacre pour s'arrêter là ; et plus qu'aucun, mon cocher manque de poésie.

J'ai traversé la Seine au Pont-Neuf, c'est-à-dire à égale distance du Louvre et de l'Hôtel-de-Ville ; je ne puis donc juger des ruines, d'autant que la voie, qui aboutit au vieux pont, se prolonge assez avant sur le fleuve, dont les quais en amont, en aval font retrait, comme les côtés d'un triangle. A peine si j'entrevois la carcasse du théâtre Lyrique, du théâtre de Faust que ces ignobles gredins ont détruit, comme ils auraient voulu tout détruire, — ces mêmes gredins qui inscrivaient au fronton des édifices les mots sacramentels : égalité, fraternité ! Inutile de dire que je n'ai pas encore traversé une rue qui ne soit atteinte, et ne porte les traces de la bataille ; si vite que travaille le Parisien, il n'a pas eu le temps d'effacer encore ces stigmates accusateurs ; et de long-temps, il ne les effacera point. Tant mieux, si à regarder sans cesse, à voir et à revoir, malgré lui, les traces de ses colères, de ses crimes et de ses vengeances, le Parisien prend honte de lui-même, horreur de la guerre civile et sacrifie enfin à la raison quelques-unes de ses stupides utopies! Pauvre cher peuple, si intelligent, si vif, si spirituel et si aisément dupe et victime de tous les charlatans et de tous les empiriques !

Parmi ces impressions pénibles et ces sentiments ou ces instincts de curiosité douloureuse, j'ai atteint la maison maternelle: le dehors en est respecté, mais le dedans?... Impression personnelle: je me tais donc en constatant pour les historiens de l'avenir que les citoyens fédérés ont emporté des souvenirs de toutes nos armoires, et dans l'ivresse ou pour l'ivresse du triomphe, vidé sans merci notre cave. Liberté. — égalité, — fraternité!

Baste! cela n'est rien, et il y a bien d'autres surprises qui nous attendent!

II.

Le quai Conti.

Entre le Pont-Neuf et le pont des Saints-Pères, sur la rive gauche de la Seine, vous voyez s'allonger en manière de quai, une lande non point déserte, mais paisible. Quelques rares étalages de bouquinistes y arrêtent quelques rares promeneurs; autrement, voitures et piétons se hâtent sans s'arrêter jamais dans ces parages. C'est d'abord l'hôtel de la Monnaie que messieurs de la Commune n'ont pas eu le temps de piller ni d'incendier; puis c'est, en retrait, la vieille, honorable et peu bruyante librairie de Madame Veuve Maire-Nyon; enfin c'est l'Institut. J'y ai affaire par le plus grand hasard du monde; voulez-vous que nous nous y arrêtions un instant? Ce n'est pas que le monument nous attire; cet hémicycle qui regarde le fleuve, ne manque pas absolument de style; mais le fronton avec ses fontaines?.... mais le dôme?....

Un architecte trouverait sans doute à y re-
dire ; en tout cas, un écrivain ne trouve guère
à y admirer, et je passe, ou plutôt, j'entre.
Et d'abord, salut à toi, palais des lettres, palais des arts, palais des sciences ! salut à vous,
historiens et romanciers, poètes et critiques ;
salut, peintres, sculpteurs et architectes ; salut à vous, savants de toute science ! C'est
vous, notre meilleure gloire, ou plutôt la
seule vraie, la seule durable, la seule invain-
cue et, je l'espère, la seule invincible : un
méchant barbouilleur, caricaturiste de métier
et politique d'occasion, peut, dans un jour
de colère et de bêtise, *déboulonner* la colonne
et réduire en poussière le monument glorieux de la première république et du premier empire. Un grand historien l'a réédi-
fiée par avance dans des pages immortelles,
et Courbet rejoindra Erostrate au temple des
grotesques sans entamer nos gloires. Les révolutions respectent l'Institut, on dirait même
qu'elles le consacrent en le respectant ; et
l'humble et pacifique monument reste debout,
tandis qu'autour de lui tout passe, tout s'é-
croule.

L'incendie dévore le vieux palais des rois qui lui fait face; il atteint le Louvre où, grâce à Dieu, il s'arrête aussi devant les chefs-d'œuvre et devant la gloire : l'Institut n'a rien à craindre; et quand le monument brûlerait, les hommes restent et la pensée subsiste: *scripta manent!* Oui, vraiment, l'Académie française renaît d'elle-même ou plutôt se survit dans ses œuvres, et la Commune, la stupide et hideuse Commune ne peut rien et ne tente rien contre elle. Volontiers, sans doute, elle aurait fusillé Thiers, Guizot, Sacy, Janin, qui lui a dit de si rudes vérités; et les Sandeau, les Feuillet, les Augier, tous enfin, sauf M. Hugo qui se fait aujourd'hui le patron des incendiaires et des assassins, comme il se faisait naguère le client obséquieux des rois de droit divin et des rois constitutionnels. Eh bien, quand elle n'aurait fait grâce qu'au grand Olympio, peu importe, la Commune n'aurait point détruit tant d'illustrations: l'Europe, au besoin, aurait sauvé la France d'elle-même, et les bibliothèques de Berlin nous auraient conservé ou rendu nos titres.

Quelle étrange chose que la politique vous tienne ainsi et vous surprenne pour ainsi dire à tous les coins de la pensée, — si bien que, songeant à l'Institut, vous vous retrouviez en face du Comité de salut public, et qu'entre M. Guizot et vous passe l'ombre d'un Paschal Grousset! Quelle étrange chose, et quelle déplorable chose! Mais nous sommes à l'Institut; quand y entrerons-nous? A droite, voici les appartements du secrétaire perpétuel de l'Académie des beaux-arts; portes et fenêtres sont closes, car M. Beulé est à Versailles, interrompant pour la politique du moment ses travaux d'archéologie.....contemporaine; Auguste a passé en Angleterre; il n'est que temps de veiller sur la France. A gauche la bibliothèque Mazarine, confinant aux appartements de M. de Sacy. Au lieu de pénétrer par la grande porte du palais, frappons discrètement à cette porte basse qui avoisine la fontaine. Un étroit vestibule, un escalier de quelques marches vous conduisent à l'entresol dans trois chambres garnies de livres: c'est le cabinet de travail et la bibliothèque particulière de M. de Sacy.

Il est là, devant son bureau, lisant ses auteurs chéris et n'interrompant sa lecture que pour accueillir, — avec quelle indulgence ! avec quelle grâce avenante et sereine !—tous ceux qui aiment les lettres et lui viennent demander des conseils. L'homme est aussi bon que l'écrivain est pur : on ne se figure pas autrement le sage de Platon. L'honnête homme, comme eût dit le dix-septième siècle, est là tout entier ; on l'envierait si on ne l'admirait, si on ne l'aimait surtout ; si on ne s'éprenait avec lui et de par lui des objets de son culte. On peut aimer les livres ; on ne sait pas assez les respecter, tant qu'on n'a point vu quelqu'une de ces bibliothèques austères et riches tout ensemble comme est celle de M. de Sacy. Ces livres respirent la vertu, et leur heureux possesseur en inspire le respect et le culte sacré.

Ah ! que l'éloge des lettres est facile, et qu'il est vrai, surtout, au sortir de ces retraites laborieuses ! Comme on sent que Cicéron en pensait juste et en parlait bien ! N'était la crainte de passer pour pédant, je traduirais volontiers, en souvenir et à l'honneur de M. de Sacy, quelques pages du *pro Archiâ !* Allons plutôt frapper à quelque autre porte hospitalière, chez M. Patin, par exemple. M. Patin a succédé à Villemain dans le secrétariat perpétuel de l'Académie française : qui donc y pouvait mieux convenir que le doyen de la Faculté des lettres de Paris ? M. Patin, c'est encore l'éloge vivant de la littérature, la politesse même au sens le plus étendu du mot, l'obligeance et l'affabilité. Si on le consulte, on est écouté, ce qui est beaucoup ; éclairé, ce qui est plus encore ; et le secrétaire perpétuel est aussi savant qu'il est bon.

Si les lettres conféraient des titres, M. Nisard serait duc ou prince : c'est l'élégance et la distinction même. Sa physionomie est des plus fines ; son style est tout aristocratique : c'est la noblesse dans le bon sens. Buffon était solennel avec apprêt ; M. Nisard est naturellement distingué. Son *Histoire de la littérature française* est l'histoire de la raison éclairée par la morale, et l'homme respire et communique tout ensemble le goût du beau, du bien et du vrai.

M. de Champagny, noble de naissance, ano-
bli par les lettres, est affable entre tous ; les
plus inconnus ont grâce devant lui, je le sais,
et sa plume est toute gracieuse quand elle
cesse d'être éloquente. Si jamais j'étais justi-
ciable de l'Académie, je souhaiterais pour
moi un pareil juge ; la condamnation me serait moins cruelle, par lui prononcée ; et son
approbation me serait deux fois chère. Il n'y
a point à dire; mais à voir de près, à connaître Messieurs de l'Académie, on sent combien est juste et mérité cet éloge des lettres,
si souvent renouvelé depuis les anciens. J'ose
douter que la lyre ait apprivoisé les tigres
cruels et mis en branle les chênes des forêts;
je ne doute pas que les lettres n'aient adouci
les mœurs et inspiré la vertu. Autrement,
pourquoi trouverait-on parmi les membres
de l'Institut cet accueil sympathique et bien-
veillant ? Pourquoi ces grandes manières,
cette urbanité exquise et cette antique politesse, qui manque chez les demi-lettrés et
les demi-savants ? La république des lettres
a une aristocratie digne de toute louange ; il
est fâcheux que les aristocrates ne soient pas
beaucoup plus de quarante.

L'Académie! on s'en est quelquefois moqué, — par rancune ou par envie; on ne la supprimerait pas sans attenter à l'une de nos plus pures renommées : Napoléon Ier voulut être de l'Institut; Napoléon III désira jusqu'à la fin d'appartenir, — notez le mot — d'appartenir à l'Académie française. Napoléon III en fut pour son désir; et ce qui lui causera peut-être la peine la plus sensible, c'est que le duc d'Aumale en sera à la première vacance : je ne veux pas dire à la première occasion par respect pour l'historien des Condé. Non, non; il ne faut pas railler l'Académie sous peine de se décréditer soi-même et de livrer à la risée du monde ce que la France a conservé de plus pur : son honneur et sa gloire, *cum probitate dignitatem.*

III.

Encore l'Académie !

La bonne compagnie a ce don souverain, ou plutôt ce mérite, vous ayant attiré, de vous retenir. Qui donc aurait regret à écouter les piquantes causeries de cet aimable professeur que notre époque tourmentée à rendu à la politique, de ce maître ingénieux que nous avons si longtemps applaudi, de Saint-Marc Girardin ? Qui donc refuserait d'entendre la voix autorisée de M. Guizot, voix méconnue, voix éloquente, voix prophétique ? Qui donc ne prêterait pas toute son attention, esprit et cœur, aux sages avis de cet homme de bien dont la verte vieillesse, rajeunie par le dévouement, a sauvé la France aux pires jours de détresse, et la relève aux yeux de l'Europe étonnée et inquiète ? Voici M. de Carné, qui sait mieux que personne nos titres et nos droits ; M. Legouvé, poète et moraliste ; Claude Bernard, très lettré parmi les hommes de lettres, très savant parmi les hommes de science ; J. Sandeau, digne collaborateur d'Augier qui continue Beaumarchais en le *renouvelant*; digne émule de Feuillet qui étudie l'homme sans le flétrir et relève le cœur humain qu'il analyse.

Que de noms à citer encore, s'il ne me fallait éviter la sécheresse et l'ennui du catalogue : Jules Favre, le grand orateur : Victor de Laprade, vrai poète, de pure et généreuse inspiration ; et tous les autres enfin, de Mignet, l'historien consciencieux et délicat, à Cuvillier-Fleury, le consciencieux et fin critique ; à Barbier, l'Archiloque trop vigoureux de cette royauté si loyale, si honnête qui nous donna toutes les libertés, celle même de la renverser, sans pitié pour elle ni pour nous...

Mais bien résolûment je m'arrête; car je tombe dans le danger que j'ai signalé, dans le catalogue. J'ai pourtant omis deux noms, deux noms qui me sont chers, qui bruissent à mon oreille et parlent à mon cœur. Il y a vingt-trois ans environ : j'entrais à peine dans la vie quand j'entrevis dans la pénombre du théâtre un poète qui, lui aussi, était plus jeune alors et marquait sa jeunesse par d'aimables succès. Je l'applaudissais à l'Odéon avant de l'applaudir au théâtre Français. Sa renommée littéraire a grandi; mais l'estime que l'homme s'était tout d'abord acquise ne devait plus s'accroître. Camille Doucet ne pouvait faire rien de mieux que d'être lui et de rester lui. J'aurais bien aimé lui parler ainsi, quand j'eus le bonheur et l'honneur de le revoir; sa bienveillance si cordiale me fit oublier tout ce que je m'étais promis de lui dire, et la leçon que je m'étais répétée dans l'escalier fut perdue pour moi dès que j'eus pénétré dans son salon hospitalier. Que de choses charmantes j'aurais su lui dire, s'il ne m'avait prévenu et distrait par ses discours affables !

Il ne me reste personne à voir après lui, sinon mon excellent maître et ami, Jules Janin? Connaissez-vous J. J.? C'est ainsi qu'on le nomme, quand on l'aime; et pour l'aimer, il suffit de le connaître; et qui l'approche, le connaît. Ponsard, dont il a consolé la mort après avoir glorifié sa vie, Ponsard l'a chanté sous ce nom familier; car les deux

lettres sont devenues un nom, un grand
nom; Mme Janin n'appelle pas autrement son
mari : la renommée a grandi sans cesse;
mais l'homme est resté l'enfant gâté de tout
le monde. Je gage que ses domestiques s'ou-
blient vingt fois par jour à dire J. J. au lieu
de Monsieur; son perroquet n'y manquerait
pas pour un empire; si la brise souffle dans
son petit jardin de Passy, écoutez bien, les
arbres et les fleurs, à l'envi, soupirent, mur-
murent J. J. Et lui de sourire, au lieu de se
fâcher : il aime qu'on l'aime, étant prompt à
l'amitié. Ah! l'heureux homme, n'était que
la goutte vient trop souvent gâter ses plaisirs
et troubler son bonheur. Et là, encore, à ces
heures de torture, il est bien rare que vous
ne le voyiez, fidèle à ses beaux livres, chercher dans Cicéron ou dans Horace une consolation, une distraction à sa souffrance, —
la chercher et la trouver. Si la goutte est
loin, si le soleil est beau, vite au jardin, ou
vite à la terrasse, — et là, enivré de soleil,
de parfums et d'amitiés, le voilà qui dicte à
quelqu'un de ses secrétaires ces pages charmantes, légères comme la brise, chaudes

comme le soleil, parfumées comme les fleurs :
l'amitié les recueille dans un coin, en attendant que la renommée les emporte.

Trois secrétaires, ni plus ni moins, et qui
ne suffiraient pas à leur tâche, si le chef du
secrétariat ne s'appelait pas Mme Janin ! Je
n'ai qu'à fermer les yeux pour la voir d'ici
surprenant, devançant l'inspiration du maître, et de sa fine et ferme écriture fixant sur
le papier la pensée éloquente. Et là-dessus,
il faut que je m'arrête pour dire que ce J. J.
a bien la plus abominable écriture qui soit
au monde. Ah ! je conçois qu'il dicte, s'il aime à se relire ; on n'écrit pas plus mal, mais
l'on ne dicte pas mieux. N'est-il pas vrai,
madame ? Et n'est-il pas vrai aussi que le
ciel lui a été bien indulgent de lui adresser
en vous... — ne me laissez pas achever ; je
m'embrouillerais dans mon compliment, et je
ferais toujours tort, de quelque façon que je
m'y prenne, à votre tendresse si charmante, à
votre grâce si parfaite. Il n'y a que J. J. qui
nous dirait ce qui à est dire, et que ce qu'il vous
dicte pourrait bien être ce que vous lui ins-
pirez ; je le lui demanderai à mon prochain

voyage dans une orgie de coco. Défense de rire
à qui me lit : « Le meilleur coco qui se boive à
Paris est le coco Janin, rue de la Pompe, 15, à
Paris-Passy. » Toutes les belles choses ont droit
à nos respects, toutes les bonnes choses à notre
reconnaissance : ainsi du coco de J. J.

Parmi les belles choses, et les plus belles,
la plus belle, c'est encore la bibliothèque de
Janin. Ce qu'il y a là de richesses, de trésors,
n'est pas à dire, n'est pas à croire. Chaque
volume est une édition rare ; chaque reliure
un objet d'art ; et il y a quelques vingt mille
volumes ! Voilà tout ce que j'en sais dire.
Ajoutez que tout ce qui n'est pas livre dans
cette bibliothèque est un bijou, une merveille,
un chef-d'œuvre de la peinture ou de la sta-
tuaire ; ici le charmant, l'admirable portrait
de Mme Janin ; là, une statuette achevée
de la bonne reine Amélie... Quoi encore ?
Le plafond est somptueux, le parquet est élégant, les fauteuils sont éloquents et les chaises... dorées sur tranche... En vérité, tout
se confond dans ma mémoire, et mes yeux
éblouis se détournent de toutes ces richesses
pour se reporter sur le maître qui me sourit

de son bon regard et presse ma main de sa main loyale. A revoir, mon cher maître, n'oubliez pas un pauvre exilé qui vous aime !

Eh ! pardon, lecteur mon ami, si je me suis, et t'ai oublié dans cette demeure hospitalière. J'y étais si bien ! J'y retourne si rarement ! et, comme j'en parlais au début, c'est chose si attrayante que la bonne compagnie ! Nous la regretterons bien tout à l'heure quand nous battrons le pavé de Paris ou de Versailles. Nous avons bien le temps d'admirer les ruines et de maudire les assassins ! Quoi de mieux, puisque la borne fortune nous a conduits au sein de cette illustre compagnie, quoi de mieux que d'y rester tant que nous n'y sommes pas importuns ? Que nous en fassions honneur aux hommes eux-mêmes, ou que nous en fassions honneur aux lettres, qu'importe ? Le fait est que Lucrèce parlait bien quand à dix-huit cents ans de distance, il définissait l'académie, — *Sapientûm templa serena* — les demeures sereines de la sagesse. C'est qu'en effet les lettres, ces chères lettres, c'est bien la raison, la vérité, la sagesse, l'amour du beau et l'a-

mour du bien ; interrogez tous les grands
écrivains, demandez à tous les chefs-d'œuvre des temps anciens ou modernes : la littérature n'est rien que l'expression du bien au
service du vrai,

Et la chute du goût suit la perte des mœurs.

Qui n'aime point la littérature est véritablement dépravé. Honneur aux nations ins-
truites, et gloire aux nations lettrées ! L'avenir est à elles.

IV.

Versailles

Qui dit Versailles, dit Paris : ainsi parle, du moins au temps où nous sommes, la sagesse des députés de la France, qui pourrait bien n'être pas la sagesse des nations. Après tout, l'air de Seine-et-Oise est très pur, très salubre et très recommandé ; il n'est pas impossible qu'il profite aux législateurs comme il a profité, depuis deux siècles environ, à certaine noblesse sans rentes et à certains rentiers sans noblesse : des deux côtés, j'admets des exceptions qui prouvent la règle

Ce pauvre Versailles ! ce grand, ce beau, ce noble Versailles ! Sera-t-il plus favorable à la République naissante qu'il ne le fut à la monarchie expirante ? Grande question que le temps résoudra mieux que moi. En tout état de cause, et à y regarder de près, Versailles, malgré 1789, est royal en diable : ses avenues sont aristocratiques ; son château,

son parc, ses pièces d'eau et ses bois, tout
cela sent la Cour, et point le peuple. Me voilà, par exemple, moi, bon bourgeois, enfant
du boulevard, contribuable du quartier Latin,
me voilà, dis-je, tout mal à l'aise de me sup-
poser simple citoyen de Versailles; et ce
même moi, pour peu qu'on m'y poussât, se
croirait sans peine locataire, voire même
propriétaire du bois de Boulogne, de ses petits arbres rabougris, de ses bêtes d'allées
sablées, et de son grand lac d'opéra ! Et, dame
je gagerais que moi, c'est beaucoup de monde, sinon tout le monde. Possible que non,
mais je gagerais bien que oui.

Si j'eusse été un honorable il y a quinze
jours, je veux dire un député, un honorable
de la gauche, un bon républicain foncé, j'aurais dit : « Messieurs, il me paraît bien dangereux de semer la République sur un terrain où se récolte la royauté. Si nous sommes sincères, quittons ces lieux; nous sommes en pays ennemi. La Liberté, « *qui n'est
pas une comtesse du noble faubourg Saint-
Germain* », ne saurait risquer de se croiser
dans ces bosquets avec Mme de Montespan, ou

d'échanger des propos désagréables, du côté
de Trianon, avec la princesse de Lamballe;
nous sommes peuple, citoyens; Versailles est
plus royal que Louis XIV : nous avons l'air
de nous moquer de nous-mêmes. La perru-
que du grand roi n'irait pas du tout à M.
Thiers; Versailles ne va pas davantage à la
République. » Ce discours, plein d'à-propos,
eût peut-être ramené l'Assemblée à Paris.

Qui donc, ayant vu Versailles, dirait que
je n'ai pas cent fois raison. Eh ! bon Dieu,
le roi Louis Philippe, d'auguste et vénérée
mémoire, oui, le roi Louis Philippe lui-même, et la sainte reine Amélie, et ces princes,
leurs fils, qui furent de vrais soldats sur les
champs de bataille, et non point des héros de
parade ou des généraux déguisés ; et ces
princesses, qui furent la gloire et la grâce,
l'honneur et l'amour de leur famille et de
leur pays, tout ce monde noble, grand, illustre se trouva petit et comme diminué à Versailles, — et M. Thiers, président de la troisième République, suffirait à remplir le palais de sa dignité, à couvrir de sa grande
ombre Louis XIV, Louis XV et Louis XVI !

Ma parole d'honneur, je n'en crois rien, et même je suis convaincu du contraire, absolument et rigoureusement convaincu. Ce n'est pas que M. Thiers soit trop petit, Louis XIV trop grand, ou Louis XVI trop gros...; non, c'est que Versailles... est Versailles, et que les souvenirs y sont plus vivants, le passé plus vivace que notre présent inquiet, fiévreux, turbulent et morbide.

Voici ce que mon meilleur ami écrivait de Versailles il y a dix ans: « Versailles, qui est près de Paris par les kilomètres, en est très loin par les souvenirs: le vieux Paris a toujours vingt ans; Versailles a, depuis deux cents ans, cinq à six siècles : il y a des gens qui se flattent d'y rencontrer encore Louis XIV donnant le bras à madame de Maintenon. — Qu'on arrive au chef-lieu de Seine-et-Oise par la rive droite ou par la rive gauche, les environs sont ravissants jusqu'à ce qu'on atteigne les avenues, qui sont admirables. Quelle que soit la voie qui vous mène au château, elle est magnifique, somptueuse, royale *, attendant

---

*) Je remarque à ce propos qu'au temps de la République romaine, l'adjectif « regius » (royal), s'employait au même sens que je l'emploie ici. — Singulier prestige de certains mots !

toujours S. M. Louis Quatorzième, et comme attristée de l'attendre si longtemps. Il y a comme une solitude de respect dans ces avenues ombreuses.

« Parmi toutes ces tristesses des hommes et des choses, Versailles garde je ne sais quoi d'imposant comme la gloire, et de vénérable comme le malheur. Ce qui étonne et ce qui émeut, c'est l'ensemble, c'est l'harmonie qui y règne et qui règne encore tout à l'entour ; c'est bien là le domaine du souverain, et les jardins de ce domaine : les grandes renommées si régulières du grand siècle ne pouvaient pas choisir un autre asile. Mettez un jardin anglais à la place de ces parterres immenses et de ce long tapis de gazon qui conduit à la pièce d'eau des Suisses : découpez, brisez, croisez de petites allées coquettes au lieu et place de ces majestueux couverts où l'œil s'enfonce en droite ligne dans un lointain horizon ; supprimez ces terrasses et ces larges escaliers au profit de boulingrins fleuris qui tromperont la vue en s'abaissant ingénieusement vers la plaine, — Versailles n'est plus ! Versailles est mort ! Et, comme la nature vit de notre vie et meurt de notre mort, — tout disparaît à la fois, les souvenirs s'en vont avec le reste : Louis XIV n'est plus qu'un vulgaire Lovelace ; La Vallière est une drôlesse ; Racine un plat versificateur ; et Molière..., Molière n'est plus Molière ! » (*Excursions parisiennes ;* Boissière, 1862.)

Si ce n'est point là Versailles, qu'un autre se charge de le définir. Voilà, du moins, ce qu'il est pour moi. Tel je le connaissais de vieille date, tel je l'ai revu au mois dernier, en dépit de sa vie nouvelle et de son mouvement inaccoutumé. Versailles capitale de la République française, c'est Rachel, la grande tragédienne, descendue au rôle de figurante dans les chœurs d'*Athalie*. Non, non, Versailles n'est pas le berceau d'une telle renaissance ; Versailles a d'autres destinées : la ville de Louis XIV ne sera jamais la patrie de Mirabeau. Ce n'est qu'un sentiment, sans doute ; mais il y a tant de sentiments qui valent, ou qui sont des raisons !

Toutefois, et je tiens à le dire, le chef-lieu de Seine-et-Oise se comporte très dignement, très honnêtement. Tout ce que peut Versailles, Versailles le fait, logeant tous les ministères, hébergeant toutes les administrations, s'élargissant pour recevoir la France, et la recevant en effet, l'accueillant avec magnificence dans la personne de ses sept cent cinquante députés! Hélas! mon Dieu, quand on se souvient qu'à trois cents, ils faisaient si peu de besogne! Où arriveront-ils, étant si nombreux? Mais il n'est pas temps encore d'entrer à l'Assemblée. Nous arrivons à peine, et nous voilà déjà plongés dans la politique! Ne sera-t-il pas toujours temps d'y revenir ou d'y venir?

Que n'avons-nous vu, cependant, avant d'arriver à ce Versailles. Sur la rive droite, Asnières brûlé, Saint-Cloud détruit par l'armée ennemie; de l'autre côté, Issy, Clamart, réduits en cendres par les fédérés; et pourtant, aujourd'hui, les coteaux se déroulent, se succèdent, fleuris et charmants comme par le passé: Sèvres, Châville et Viroflay étendent leurs frais ombrages aux yeux étonnés et charmés du Parisien, et Versailles ouvre ses grandes avenues à ses pas inquiets. Soit donc salué Versailles pour sa royale hospitalité! Allons, décidément, il paraît que j'y tiens ; et que je suis plus leste à restaurer les monarchies que nos députés à créer une République. A qui la faute? Et qui aura raison, en somme? Je n'en puis mais ; et c'est Versailles qui m'induit en monarchie. Voilà si longtemps qu'il est royaliste, et la première République lui a si peu réussi !

Qui vivra, verra ; mais qui vit, voit déjà, et non sans étonnement, la solitude se peupler, les rues se garnir, les jardins s'égayer, le palais s'animer ; ses habitants, enfin, se familiariser avec la foule, avec le bruit et avec la gaîté de sept cent cinquante députés républicains. En vérité, je commence à croire que la République pourrait bien être fondée ; toujours est-il qu'on aura vu des choses plus impossibles. Maintenant, pour en voir d'extraordinaires, nous n'aurons pas besoin de sortir du palais, pas même de traverser la place avec tous ses canons et son appareil guerrier pour aller au troisième conseil, présidé par le colonel Merlin. Versailles! Versailles! que vous êtes donc changé! — Et moi donc? — Pas tant déjà ; mais ce n'est pas la question, ou tout au moins cela n'importe guère.

V.

L'Assemblée.

Je ne sais pas si c'est un fruit de l'éducation ou l'influence de Tite-Live; mais je ne peux pas me représenter nos députés dans une autre attitude que celle des sénateurs romains attendant les Gaulois sur leurs chaises d'ivoire. Ces députés, il me les faut graves, silencieux, austères; je les veux, sinon drapés dans la toge bordée de pourpre, — puisque le costume a changé, — je les veux simplement, sévèrement vêtus, en tenue officielle enfin. La salle des délibérations n'aura pas d'ornementation exagérée: la tribune ne sera pas bigarrée, marbre et or; les tribunes ne s'ouvriront pas à de jolies dames en toilette qui provoqueraient le regard et piqueraient la curiosité, qui lorgneraient, ou qu'on lorgnerait comme au champ de course ou à l'Alcazar. Quelques belles fresques; les statues de Suger, de Molé, de d'Aguesseau :

voilà tout le luxe que comporterait à mon idée le sénat moderne, et les sénateurs traiteraient les affaires avec dignité, science et conscience, comme les illustres devanciers dont ils ne manqueraient pas de s'inspirer.

Voilà le rêve; voici la réalité.

Un théâtre. — Le président et l'orateur sont en scène, je veux dire sur la scène; les ministres occupent l'orchestre des musiciens, les législateurs sont aux fauteuils d'orchestre et à la première galerie. Les avant-scènes appartiennent aux grands dignitaires de la politique et de la diplomatie, avec quelques places réservées pour les dames du beau monde; le reste est aux journalistes (2es loges de face) et au bon public qui croit venir s'édifier à ces illustres débats, et qui s'en va, à la fin de la représentation, je dis de la séance, assez étonné que le temple de la Loi ressemble si fort au temple de l'argent, où on fait les affaires en gesticulant et en hurlant comme des possédés.

C'est là une salle provisoire, je le sais; je n'en suis pas moins choqué; il y a quelque chose qui jure entre le fait et l'idée; j'ai beau me payer d'illusion : le manteau d'Arlequin est là, devant mes yeux; j'aperçois les coulisses; j'ai peur à tout moment que quelque trappe ne s'ouvre et n'engloutisse le président de la Chambre ou le chef du Pouvoir exécutif; il me semble à tout instant que je vais entendre une ritournelle, et que l'orateur va me chanter une ariette :

> Sonnez, sonnez, sonnez, cor et musette;
> Les députés sont réunis,
> La République est chose faite... etc.

Il s'en faut de beaucoup que les choses se passent ainsi; et si quelques législateurs crient, pas un ne chante; j'oserai même dire qu'aucun n'a envie de chanter. C'est égal; le jour où j'étais là pour la première fois, j'ai failli applaudir et redemander un honorable que j'avais écouté avec admiration, que par malheur je n'avais pas entendu, à cause du grand bruit que faisaient les autres honorables, ses collègues, en dépit de l'avertissement des huissiers et de la sonnette du président. Il s'agissait des conseils généraux, c'est tout ce que j'ai saisi.

Et puisque j'en suis sur ce chapitre, je ne

le veux pas quitter sans vider le fond de ma
pensée. Il se peut bien que je me trompe;
j'accorde volontiers que la première impression n'est pas toujours bonne, et que *l'effet
de théâtre*, dont je parlais tout à l'heure, me
poursuit encore après m'avoir abusé de pri-
me-abord, et froissé... Tout cela est possible ;
néanmoins, il se peut aussi que j'aie raison
contre un certain laisser-aller étrange dont je
ne suis pas encore revenu à l'heure qu'il est.
J'en parle sans colère, mais non sans tristesse. Si, quand je suis entré à l'Assemblée
nationale, je ne m'étais pas rappelé à temps
par quelle suite d'événements le théâtre de
Versailles est devenu le Palais-Bourbon, je
me serais cru, en vérité, dans une classe mal
tenue d'école primaire. J'affirme, par exemple, avoir entendu dire de très bonnes choses,
très sensées, très utiles touchant la décentra-
lisation, et n'avoir pas compté trois députés
qui y prêtassent la moindre attention. Je ne
sais pas pour qui parlait l'orateur, à moins
que ce ne fût pour lui ou pour sa famille : le
fait est que le spectacle était des plus pénibles pour les plus indifférents, et que les

étrangers — il y en a toujours, et beaucoup, à toutes les séances — devaient emporter une piteuse idée de ces législateurs.

Tant pis pour nous! C'est sans aucun doute un grand mal pour le pays que nous ne puissions avoir d'attention que pour les grands virtuoses de la parole, ni faire de lois qu'après concours d'éloquence. Si les contrats de mariage se faisaient ainsi : s'ils ne se signaient qu'après improvisation des notaires, discours et réponse du père et du beau-père, allocution des témoins, profession de foi des époux, — (j'ai pris pour exemple la plus grave affaire de la vie) —, assurément, on se marierait moins. Eh bien, les affaires du pays ont-elles incessamment besoin de ce grand déploiement de rhétorique? Ne peut-on pas légiférer sans phrase? ne peut-on pas, au cours de la discussion, fournir un argument, une objection, une raison sans prononcer une Philippique ou fulminer une Catilinaire? Que M. Thiers monte à la tribune, que M. Gambetta lui succède, — (je m'arrête à ces deux types) — oui, alors le silence se fera, et l'on daignera écouter les orateurs, mais prenons-y garde, c'est l'homme de talent qu'on écoute, c'est l'académicien c'est l'artiste enfin, ce n'est pas le législateur ; on admire la phrase, la période, l'image ; on néglige l'idée ; à quoi, exclusivement, il faudrait songer.

— A la tribune ! à la tribune ! » Voilà le cri qui retentit vingt fois par séance, et qui se peut traduire de la sorte : « Monsieur et cher collègue, si vous ne savez pas faire mieux que d'exprimer simplement une bonne raison, ne parlez pas ! Taisez-vous ! Nous ne tenons pas pour la politique, mais pour l'éloquence. » Et voilà comme nous sommes tombés peu à peu dans le goût des déclamations. Oh ! sans doute, il y a les commissions pour les discrets qui pensent : c'est quelque chose, mais ce n'est pas assez ; car c'est en séance publique que se font les lois, si c'est dans les bureaux qu'elles s'élaborent ; et il est bien fâcheux que la parole ait tant d'avantage sur la pensée. Hélas ! plus j'avance dans la vie, plus je déplore les raffinements, les délicatesses, les faiblesses de notre goût pour l'art de la parole : les avocats nous ont fait bien du mal depuis 1789, et je bénirai la loi qui réduira le nombre des parleurs au profit de ceux qui pensent. Le vingtième siècle connaîtra-t-il cette loi-là? Je l'espère, et j'en doute.

Jusque-là, que voulez-vous que fasse un législateur qui ne peut pas se faire écouter et qui n'entend pas ceux qui parlent? Il n'a évidemment qu'une chose à faire, c'est de causer comme les autres et d'empêcher ses collègues d'entendre : il n'y manque pas. Voyez-le circuler parmi son monde — car il ne franchit pas un certain rayon — entamer un entretien avec A..., le poursuivre avec B..., l'achever avec.... Z.! De temps en temps il sort; il va de la buvette à la salle des Pas-Perdus; il y fume sa cigarette; au besoin il y reçoit ses amis, ses clients; il gagne ainsi du temps, et, six heures sonnant, il court au chemin de fer.

Je veux bien qu'il y ait là beaucoup de fantaisie et même un peu de calomnie; il n'y en a pas moins un certain fond de vérité. Il est vrai que le gros du travail est fait avant la séance et en dehors de la séance; que les idées y sont mûries et réfléchies, le jugement porté. Alors pourquoi la séance? ou pour qui? Si on la réserve aux exercices de pure déclamation, il est fâcheux que le public ne puisse prendre part aux vrais travaux de l'Assemblée et se rendre un compte exact des rudes labeurs de ses mandataires. Et dame! la séance parlementaire prête terriblement à dire! Quel va-et-vient! quel brouhaha! quels bourdonnements sourds à un moment! quelles rumeurs éclatantes à un autre! Et qu'il me serait pénible, si j'étais député, qu'un huissier, un pion à chaîne d'argent, me vînt corner aux oreilles un perpétuel : « Silence, messieurs! » ou que M. Grévy m'assourdît avec son implacable sonnette! Je m'imagine très bien l'effet que doit produire ce bourdonnement sur un orateur consciencieux : un insupportable agacement. Sans doute que ce n'est pas un parti pris contre tel ou tel; n'importe, je ne voudrais pas deux fois affronter ce charivari, et ma dignité, qui respecterait la parole des autres, voudrait être respectée, même pour son coup d'essai.

Terrible habitude que ce laisser-aller! Il

gagne les huissiers; le public qui fait ses observations sans se gêner; les journalistes qui, devinant tant bien que mal l'orateur, le reproduisent tant mal que bien, au milieu d'un feu croisé de lazzis et d'épigrammes; les garçons de salle qui en prennent à leur aise dans les couloirs et mêlent leurs bruits aux cris du dedans; je ne vois que les sentinelles qui demeurent impassibles sur cet autre champ de bataille. Et cette première impression étant produite, qui n'est certes pas agréable, les autres suivent, qui ne vous réconcilient pas avec messieurs nos législateurs. On me dira que c'est un détail : soit; mais détail ou non, j'aimerais pour nos représentants sinon un uniforme — nous avons abusé vingt ans de l'uniforme — au moins une tenue sévère, l'habit noir, en attendant qu'on trouvât mieux. Le législateur ne vaut-il pas un juge? et se représenterait-on bien un juge en veston court et en pantalon de fantaisie? un juge prononçant une sentence de mort en costume galant ou en tenue de campagne? Je ne voudrais pas qu'on pensât, d'après moi, que nos honorables constituent ou figurent un journal de modes, ni qu'ils étonnent les regards par leur coquetterie ou par leur négligé; je voudrais tout simplement qu'ils n'eussent pas l'air du premier venu ou du dernier des employés du ministère de l'instruction publique. Bridoison, qui n'admet que la forme, a tort; mais il a raison de réclamer pour la forme, si la forme s'ajoute au fond, et s'y subordonne.

Je voudrais enfin... non, je ne veux plus rien; je m'arrête pour méditer ces vers de Sosie :

> Avec quelle irrévérence
> Parle des dieux ce maraud !

C'est vrai que j'ai manqué de respect; mais je n'ai pas tout dit non plus, et je puis faire pour nos députés ce que j'ai fait pour nos académiciens : retourner les voir. Qui voudra, viendra, et ne regrettera pas peut-être de m'avoir suivi.

VI.

Nos honorables,

J'ai fait hier la guerre à l'Assemblée; volontiers, aujourd'hui, je me battrais pour
beaucoup de nos représentants. Thèse générale : je ne donnerais pas pour une foule,
composée des individus les meilleurs, ce que
je donnerais de grand cœur pour chacun de
ces individus pris à part : la foule n'a jamais
été un argument en faveur de la société.
« Je déteste la foule et l'envoie à tous les
diables. » *Odi vulgus et arceo*, dit Horace,
qui avait des amis, comme j'en ai; et qui les
faisait valoir à l'occasion, comme je voudrais
bien avoir le talent, — l'occasion étant là,—
de faire valoir les miens.

Il y a toute sorte de moyens de voir ses
députés : le plus simple est sans contredit de
frapper à leur porte, quand on a leur adresse
et leur autorisation : affaire d'amitié. Un expédient, qui peut réussir, aujourd'hui que la

plupart de nos législateurs habite Paris et se
transporte quotidiennement à Versailles, c'est
de prendre le train que prennent ces messieurs, d'épier une huitième place dans le
wagon qui emporte notre Mécène, et de lui
conter notre petite histoire pendant le trajet:
affaire de chance. Un troisième moyen plus
sûr et moins trompeur, comme dit la chanson, c'est d'aller au palais de l'Assemblée, de
traverser la cour et le vestibule, tout comme
fait M. de Larcy qu'on dit légitimiste, et M.
Gambetta qui ne l'est pas; de prendre l'escalier à gauche, de monter un étage, et là,
d'entrer dans un salon à tapisserie jaune,
bas et mal meublé, où se trouve une table et
tout ce qu'il faut pour écrire.... mal. Il y a
là cinq ou six porte-plumes de la plus sévère
simplicité, munis de becs usés ou brisés,
deux écritoires, et une centaine de petits
carrés de papier blanc : de quoi improvi-
ser une demande d'audience à l'adresse de
messieurs tel ou tel. J'indique ces petits
moyens aux intéressés pour y ajouter un
conseil : celui d'emporter leur plume et leur
papier, à moins de faire passer tout uniment

leur carte. Carte ou papier, vous remettez votre demande aux garçons de salle, qui la font passer à l'huissier, qui la transmet à qui de droit. Et vous attendez alors patiemment, dans le salon jaune, ou dans l'antichambre, en compagnie de cent cinquante ou de deux cents autres solliciteurs, qu'il plaise à Dieu et à monsieur l'huissier de service de faire parvenir votre requête à son adresse.

Voici à présent ce qui peut arriver : c'est que vous attendiez une heure, deux heures, trois heures, sans voir venir personne. Si votre député est absent, ou qu'il fasse partie de quelque commission, vous en serez pour vos frais : on se charge bien de votre lettre, mais non pas de la réponse. A vous de prendre vos précautions ! Ici, plusieurs façons de passer agréablement son temps : maudire Versailles et le gouvernement; maugréer contre son député; élaborer le petit discours qu'on lui ménage et se le répéter à soi-même; s'interrompre dans cette occupation pour défiler un court chapelet d'anathèmes: si l'on est poète, chansonner son mandataire; si l'on est philosophe, raisonner sur les incon-

vénients de l'attente et sur les vicissitudes
des révolutions; si l'on est moraliste, étudier
les physionomies des malheureux qui partagent votre misère; si l'on aime la nature, se
mettre à la fenêtre et ne pas admirer les jardins de Lenôtre; si l'on est horloger, comparer sa montre à la pendule du salon jaune
ou à l'horloge du château; si l'on aime les
dames, leur offrir sa place au canapé ou à la
fenêtre; si l'on est très pressé, — s'en aller.

Il est très rare, à vrai dire, qu'on n'ait point
satisfaction et qu'il faille avoir recours au
dernier parti, à cette fin de non-recevoir,
c'est-à-dire à cette fin de n'être pas reçu. Le
député arrive, plus ou moins agréable (je ne
parle pas de mes députés à moi, qui sont
tous charmants), plus ou moins prévenant selon l'importance de l'électeur ou la qualité du
message : ce qui procure, pour compléter le
tableau de tout à l'heure, une très agréable
distraction aux moins favorisés. Le député se
nomme le plus souvent, étant inconnu à l'inconnu qui le demande, et vous voyez défiler
ainsi une bonne partie de la Chambre. Il
arrive aussi que ledit député s'enferme dans

sa majesté, mande auprès de lui le sollici-
teur, et l'introduit dans la salle des Pas-Perdus où il se trouvera confondu dans une
foule de célébrités, petites et grandes. Parmi
les types qui m'ont frappé, un certain jour
d'attente, — j'avais épuisé toutes les recettes
ci-dessus indiquées, — je me rappelle encore
la douce et sympathique figure du général
Chanzy. De prime abord, le visage attire par
un grand air de noblesse et de loyauté; le
crâne est presque nu, mais la moustache est
blonde et l'œil très jeune; les traits sont fer-
mes sans que les lignes manquent de douceur; la tenue est haute et digne, sans morgue ni raideur. L'étoffe est d'un homme
supérieur, et le général Chanzy est bien
aussi cet homme supérieur; je n'ai fait que
l'entrevoir, je ne l'oublierai plus. J'ai oublié
tous les autres, non pas du moins sans faire
quelques observations générales, et qui me
coûtent bien un peu à formuler.

Je ne suis pas de ceux qui croient que les
légitimistes ont le privilége des vertus, les
orléanistes le monopole des qualités, et les
républicains la spécialité des défauts. Je con-

sentirais toutefois à tenir cette gageure : de
reconnaître à sa manière d'être et à son accueil le député de la droite ou le citoyen de
la gauche. Il y a, par exemple, tel honorable
qu'on m'a nommé et qui a dépêché devant
moi une malheureuse cliente, de façon bien
peu aristocratique : si son département en est
fier, je ne lui en fais pas mes compliments.
Tel marquis, au rebours, se fait peuple, selon la vieille expression, avec une grâce et
une aménité toutes charmantes. Et, pour parler de façon très générale, comment com-
prendre que le parti républicain semble prendre à tâche d'afficher certain air, certaine
contenance, d'être brusque plutôt qu'aimable,
et tranchant quand il pourrait être affable?
Si je n'étais pas un des infimes retardataires
du siècle, si j'appartenais à ce qu'on appelle
le parti avancé, je voudrais primer les autres partis de toutes les manières, et d'abord
en bonnes manières, en savoir-vivre, en
bienséance et en politesse; on peut être républicain et bien élevé, que diable!

Je ne puis me défaire, en écrivant ces
lignes, de la triste impression qu'a produite

sur moi la vue de Gambetta. Je le tenais en véritable estime depuis longtemps, lui reconnaissant beaucoup de forme dans son opposition à l'empire et un véritable sens politique en plus d'une affaire. Sa dictature m'avait bien effarouché quelque peu ; mais son pire ennemi ne saurait méconnaître qu'il avait déployé à Bordeaux un grand zèle et véritablement soufflé le feu sacré au cœur de la France. Il avait commis des fautes ; mais, en bonne foi, il n'y a que ceux qui ne font rien qui ne se trompent pas, en supposant que l'inaction ne soit pas souvent pis qu'une faute. En deux mots comme en cent, j'avais une assez grande idée de Gambetta, et ses photographies n'avaient pas détruit cette idée. J'ai vu l'homme : ç'a été un véritable désenchantement. Un cabotin de province a meilleure tenue ; un étudiant de quinzième année, professeur de billard et buveur d'absinthe, n'a pas plus étrange façon, ni plus déplaisante. La liberté est-elle donc condamnée au débraillé des filles ? Point comtesse, d'accord ; mais non point fille, cependant. Pourquoi cette bizarre affectation ? et, si ce

n'est pas une affectation, pourquoi ce mal
heureux hasard et ce tort de la fortune? Les
mauvaises manières sont-elles donc inhé-
rentes, ou chères, ou nécessaires au parti
démocratique? Bien sûr que non; mais
alors...?

Comme nos députés alsaciens me donnent
raison! Voici, par exemple, mon obligeant et
serviable ami, M. Scheurer, de Thann, qui
interrompt son travail matinal pour me recevoir dans son pied-à-terre de Versailles;
mon frère, qu'il ne connaît que par moi,
trouve en lui le meilleur conseil et le meilleur appui. La bienveillance n'est pas plus
affable ni plus empressée. M. Keller nous ac-
cueille également comme si nous étions de
Belfort; un peu plus sévère, un peu plus
froid, mais sûr et solide, on n'en doute pas.
L'audience est également très matinale:
c'est le jour où nos concitoyens d'Alsace,
Keller, Scheurer, Lefébure, demandent au
gouvernement de prélever sur les cent millions d'indemnité, qui ont été votés, cinq cent
mille francs destinés aux fonctionnaires dépossédés de l'Alsace-Lorraine. Ainsi, dans la

4

matinée où nous frappons à l'hôtel des Réservoirs, notre ami étudiait un projet de loi concernant les grands intérêts commerciaux des départements arrachés à la France.

Qui se plaindra, de Mulhouse à Colmar et de Colmar à Mulhouse, que je remercie encore de son accueil si sympathique, si fraternel, le député que Paris nous a enlevé, M. Lefébure? Toute la vivacité de la jeunesse, tout l'empressement d'un esprit vite éclairé, toute la chaleur d'un cœur généreux; et des formes si exquises, pour achever ce portrait: Voilà en quelques mots M. Lefébure! L'affaire qu'on lui soumet, si elle est juste, devient son affaire; et il insiste, et il persiste et relève les abattements, ranime les espérances avec une grâce parfaite et un charme vainqueur. Quand je n'aurais été à Paris que pour y éprouver la solide amitié des nos Alsaciens et y connaître M. Lefébure, je serais enchanté de mon voyage, et j'aurais fait une bonne affaire. Si l'avenir nous réservait l'oubli des autres, je réponds bien qu'il n'entamera pas ma reconnaissance : mon nom sera peut-être oublié, mon cœur se souviendra toujours.

Bonnes impressions que celles-là ! Non moins bonnes celles que provoque, dans la salle des Pas-Perdus, la rencontre d'Albert Desjardins, mon ancien élève ; de Lacaze, qui fut mon camarade de concours ; de Champvallier, qui fut neuf ans mon condisciple à Henri IV ; de F. Voisin, qui fut mon compagnon d'enfance, qui est et reste l'ami des derniers jours. Pas un parmi ceux-là qui ne m'ait tendu la main et ne se soit souvenu ; pas un parmi eux que j'oublie jamais. Voilà les impressions que je veux emporter de Versailles ! Voilà mes hommes ! Le palais de l'Assemblée s'est transformé tout à coup ; je quitte le temple de l'amitié !

VII.

Le conseil de guerre.

Je quitte le temple de l'amitié; j'entre au
temple de la justice.

Quand on sort du palais par la grande
porte d'honneur, on se trouve sur une vaste
place semi-circulaire où, comme des rayons,
aboutissent cinq larges et longues avenues,
coupées à leur abord par d'anciens bâti-
ments dont le temps a fait des casernes. La
place est garnie de canons, de ces malheureux canons qui devaient défendre Paris et
qui ont failli le détruire. Ce sont les pièces
de conviction du terrible procès, qui s'agite
à quelques pas de là, dans la caserne qui
regarde la chapelle royale.

Ainsi, à quelques pas l'un de l'autre, ce
double et singulier spectacle d'une société
qui se constitue, et d'une bande d'assassins
qui ont juré la ruine de toute société. Et ce
double spectacle, à Versailles, dans le palais de

Louis XIV, et sous les fenêtres de ce palais !
Que de réflexions à faire,—que le lecteur voudra bien faire pour moi, les devant faire mieux
que moi ! La garde républicaine et les artilleurs se partagent la caserne, dont la cour
extérieure regorge de canons comme la place. Grande activité, grand mouvemeut: toutes les fenêtres ont des spectateurs, et, sous
les trois portiques qui conduisent aux cours
intérieures, une foule, assurément très étonnée de hanter ce séjour et de circuler parmi
ces engins de guerre.

Traversez la cour, rejoignez cette foule, et
par l'arcade de gauche, pénétrez dans la
vaste enceinte, qui fut naguère un manége.
Un sable jaune assourdit les pas de ceux qui
entrent, et qui tâchent à s'avancer vers l'autre extrêmité de l'immense parallèlogramme.
Des cartes blanches, bleues, rouges, vous
permettent de prendre place dans tel ou tel
compartiment de cette salle, qui n'est rien
moins que le troisième conseil de guerre.
Au fond, sur une estrade à laquelle on arrive par quatre ou cinq degrés, le conseil,
présidé par le colonel Merlin, du génie. A

sa gauche, le greffier, un adjudant; à sa
droite, le ministère public dignement re-
présenté par le commandant Gaveau.

Au pied du conseil, six factionnaires,
l'arme au pied, entre qui les témoins vien-
dront déposer de la vérité : de droite et de
gauche, deux larges et hauts gradins; celui
de droite réservé à la presse, celui de gauche
aux avocats et aux accusés; ceux-ci séparés
de ceux-là par une simple traverse en bois
et de leurs coaccusés par deux soldats de la
garde républicaine. Au pied de l'estrade, le
public; le public privilégié d'abord, de face
et assis, flanqué des deux côtés de deux autres gradins, juxtaposés à la tribune des
journalistes et à celle des accusés; plus loin,
la foule, debout. Un prévôt fait la police de
la salle, assisté de sous-officiers appartenant
à la garde républicaine.

Avant que les accusés ne soient introduits,
nous regarderons, si vous voulez, l'assistance
Elle est étrange. Aux places réservées, qui
sont fort peu garnies, et qui devraient l'être
pour l'édification des honnêtes gens, les conversations sont assez discrètes: on pense.

L'attitude est sévère et l'indulgence ne se lit
pas généralement dans les yeux. Les haines
légitimes sont au fond de tous ces cœurs
honnêtes; on n'est pas venu jouir d'un spectacle; on est venu assister à l'œuvre de la
justice. Au fond de la salle, parmi la foule
on cause beaucoup plus, on discute les chances, on apprécie les témoignages. Il y a là
des amis, des frères; il y a là aussi des citoyens honnêtes pour dire leur mot et pro-
tester contre ces bandits vulgaires. Il s'é-
change de mauvais regards de ce côté de la
salle, et le commandant Gaveau y est parfois
traité sévèrement : ce qui redouble pour lui
mon estime et me fait apprécier davantage
ses observations nettes et tranchantes, son
éloquence précise et martiale. On montre là
quelques femmes, quelques enfants d'accusés :
Mme Rastoul, sereine et calme; Mme ou Mlle
Leroy, la maîtresse de Jourde ou d'Urbain,
je ne m'en souviens guère, et, si je ne me
trompe, Mme Régère et son fils. Ce sont des
on dit, auxquels je ne prête pas la moindre
attention, le moindre intérêt.

. La Cour attire davantage mes regards : au

fauteuil de la présidence s'assied un homme de cinquante-cinq à soixante ans, commandeur de la Légion d'honneur. Le visage est d'une remarquable et presque inquiétante bienveillance ; la commisération même est de trop pour ce monde de bagnes, qui s'est si adroitement dérobé aux dangers de la bataille. Le colonel Merlin n'a pas de prévenance sans doute, mais il a des ménagements ; il laissera passer de certains mots aux prévenus ; il fermera les yeux sur certains écarts ; j'ai vu, par exemple, en pleine audience, le citoyen Grousset lire le *Figaro* et s'abstraire dans cette agréable lecture. Il ne faut certes pas être rude à des gens dont la vie est en jeu ; mais il ne faut pas non plus être trop tendre à des assassins.

Le commandant Gaveau paraît mieux dans son rôle : s'il invite Régère à ne pas faire de gestes pendant l'interrogatoire de Lullier, l'invitation arrive nette comme un ordre, qui reçoit son exécution immédiate. Si Lullier affecte de nommer un général « Monsieur », et d'appeler « Versaillais » l'admirable armée qui a sauvé la France, le commandant Gaveau

a vite enjoint à l'ancien lieutenant de marine de respecter ce qui est respectable et de
rendre hommage à qui l'hommage est dû. Le
commandand est grand, maigre et sec; mais
l'œil est plein d'intelligence, et le visage, de
fermeté : on sent là un homme ; et, m'est
avis que les accusés en sont un peu inquiets, sans trop pouvoir se confier aux indul-
gences du colonel Merlin, qui est bien fin,
bien ingénieux, et qui, avec beaucoup de
bonhomie, leur tend parfois des piéges, et les
surprend en flagrant délit de mensonges ou
de contradictions. En résumé, le choix est très
heureux — j'allais dire l'alliance — de ce
président si prudemment équitable, et de cet
accusateur, si rigoureusement juste, si sévèrement sage.

Aux accusés maintenant ! Voici Ferré, impudent, cynique, ignoblement cruel, double-
ment laid au physique et au moral; — Assi,
très pâle, un bellâtre, vaniteux et poseur, —
déguisé en colonel des fédérés (uniforme tout
neuf), un dindon enragé qui s'est pris, et
qu'on a pris pour un aigle; — Régère, coupe-
rosé et coquet, commun et prétentieux ; il a

un faux-col irréprochable et des gants frais ; évidemment, monsieur Régère veut trancher sur tout ce fonds de gueuserie et marquer sa grande supériorité: je lui accorde, en effet, plus de manière qu'à Champy : — oh! ce Champy! — un vieux voyou. défait, usé, ruiné à vingt-deux ou vingt-trois ans, une face blême, surmontée de cheveux plats, une voix qui veut se faire naïve, pateline et qui est délabrée et crapuleuse : son pantalon tombe, et il le remonte à chaque geste qu'il fait. Regarder Champy et se dire que ça a failli gouverner la France, — c'est à douter de tout et de soi-même ; — joli contraste avec Paschal Grousset, — un beau jeune homme, un peu éteint par le vice et aussi par la prison ; prétentieux et nul encore, qui n'a pas eu le courage de sauver l'honneur de son père en se faisant tuer sur une barricade: Paschal Grousset, le narcisse de la bande: — Courbet, vieilli et vieux, tout honteux, tout bête, ainsi qu'il a été convenu entre les témoins à charge et à décharge, le ministère public et la défense; Courbet, condamné à six mois de prison et au ridicule à perpétuité; Jourde, ex-ministre des finances, un type d'étudiant poitrinaire se traitant par l'absinthe ; — Trinquet, bon cordonnier et mauvais politique, le seul, toutefois, qui ait eu le courage de dire : « Je referais demain ce que j'ai fait hier ; je ne suis peut-être qu'un savetier, mais voilà ma politique, et j'y persiste. » — J'ai oublié les autres, sauf cependant Lullier qui m'a bien désenchanté, lui, aussi sur son compte. Il est commun en diable, cet officier de marine que je m'étais figuré distingué, quoique braque, et très élégant, avec un grain de folie. Il est vulgaire, moins que Champy, mais autant que ce vaniteux Assi, qui n'a pas son intelligence...... Telles sont les figures, — combien moins déplaisantes encore que les caractères !

Car, il n'y a pas à dire, ils sont ignobles, tous ces bandits, reniant tous leurs actes, se dénigrant, s'entr'accusant, se chargeant sans vergogne les uns les autres. — « C'est pas moi, M'sieu ; c'est lui. » Voilà où ont abouti tous les interrogatoires. — « Moi, de la Commune, mon président ! jamais ! Je n'y suis allé que pour défendre les ôtages et empêcher les

incendies. — On a signé pour moi ce décret.
La preuve que je suis un honnête homme,
c'est que ces messieurs ont voulu m'arrêter.
— Et vous? Je n'ai rien fait. — Et vous? J'ai
sauvé mon arrondissement.—Et vous?—Moi!
c'est les autres. » — Ainsi de suite. Robespierre est cruel, il est infâme, il est terrible;
Marat se vautre dans la boue et dans le sang;
mais Robespierre et Marat, tigres par les instincts, sont hommes par de certains principes
et par une certaine logique; ils avouent leur
œuvre, ils y croient. Tous ces communeux
ne sont que d'ignobles vauriens, sans foi ni
loi, se faisant gouvernement pour chiper des
pièces de cent sous et se payer de bons sou-
pers avec des pétroleuses de leur choix. Ils
sont bas, ils sont vils, ils sont lâches! Lullier
seul a gardé bonne contenance devant son
arrêt de mort; Ferré a eu peur et s'est af-
faissé. Les autres étaient ravis de sauver
leur peau, après avoir tant volé, tant brûlé,
tant assassiné!

Et la foule était bien un peu surprise de tant
d'indulgence! Et quand, au soir, la nouvelle
s'est répandue dans Versailles et dans Paris,

elle y a apporté une stupéfaction contagieuse!
Et aujourd'hui encore, lorsque j'ai lu la demande d'amnistie de M. Henri Brisson, je me
suis demandé si M. Brisson avait bien suivi
tous ces débats, s'il s'était rendu un compte
exact de cet effroyable complot, s'il connaissait cette association formidable qui, d'un
bout du monde à l'autre, fait du vol à main
armée un principe, et de l'assassinat une loi
constitutive de la société! La charité est un
grand sentiment, à moins d'être un expédient
pour quelques habiles et une duperie pour les
honnêtes gens! La fraternité est le plus noble
des devoirs, à moins d'être le plus impudent
et le plus menteur des prospectus!

J'ai la ferme prétention de n'être pas cruel;
mais j'affirme ceci : c'est que j'aurais été sans
pitié pour tout ce qui a, de près ou de loin.
appartenu à la Commune, et que j'aurais sévi
rigoureusement contre ceux qui ont poussé
ou aidé à la guerre civile, et complété, par la
honte des dissensions intestines, les désastres
de la guerre étrangère. — Il n'y a pas de
grâce pour les parricides!

VIII.

De Versailles à Paris.

Qu'il fait donc bon respirer l'air des bois
et des champs après une pareille journée!
Et quelle ironie, que cette impassibilité de la
nature devant ces débats sanglants des passions humaines! Que l'homme est donc petit,
mesquin et laid! que la nature est donc
grande, et que le ciel est beau! Je ne suis ni
le premier ni le seul qui ait fait cette réflexion
en quittant Versailles! Disons qu'on paie assez chèr le plaisir de respirer en pleine campagne : la foule encombre la gare, et c'est
une bataille qui se livre au guichet où l'on
distribue les billets. Députés, journalistes, avocats; les curieux de l'Assemblée et les curieux du Conseil; les étrangers; — ce qu'on
appellerait enfin, le Tout-Paris des premières,
si l'élément féminin était plus amplement re-
présenté — la foule se presse, s'empile,
s'entasse dans les wagons et fait route vers la
vraie capitale du monde, vers Paris.

Si je prêtais ici l'oreille à quelque entretien, ce ne serait ni au profit des députés, ni au profit des avocats. Je n'ai rien dit de ces derniers à propos des communeux : c'est qu'en bonne foi je n'en pense pas grand'chose, et surtout grand'chose de bon. Qu'on soit obligé par la loi de défendre Billioray ou Régère, c'est un malheur pour lequel je serai plein de compassion ; mais qu'on brigue l'honneur d'être l'avocat de pareils brigands, qu'on mette sa gloire à rendre à la société ces ennemis jurés de toute société, — non, je n'y suis plus ; je m'étonne et me fâche ; — et quand ces avocats-là montrent quelque éloquence, je me dis, contrairement à l'ancien, que l'éloquence n'est pas nécessairement la probité. Silence donc sur les avocats !

Les journalistes, de qui, pour qui, et contre qui, surtout, j'aurais bien des choses à dire, m'attireraient davantage. A condition de s'en défier un peu, de ne les pas croire à la lettre, d'en saisir et d'en goûter l'esprit, ce sont de bien gais et charmants compagnons, toujours en verve, jamais à bout, sachant beaucoup, inventant davantage, racontant leur feuilleton avant de l'écrire et lançant leur chronique à toute vapeur; quelques-uns très légers, très enjoués, pétillants d'esprit et de malice; d'autres, plus sérieux, presque convaincus, faisant de l'art où leurs confrères font du métier; d'autres, enfin, (ce sont les sommités), discrets et réservés, pensant au lieu de parler. J'ai vu ceux que j'aurais voulu écouter; j'ai entendu ceux que je me serais presque contenté de voir ou de lire. Je ne peux pas dire de mal des journalistes, étant un peu journaliste moi-même : mais si je n'écrivais pas, ce serait autre chose, et je ferais une rude guerre à ce monde léger, gouailleur, sceptique, qui trop souvent trafique de la vérité; qui, soumettant sa pensée à un programme. et ce programme, à un capitaliste, puise sa conviction hors de soi-même, et règle ses principes au diapason de son commanditaire. Je combattrais ces nouvellistes équivoques qui nous racontent tout ce qu'il nous serait si bon de ne pas savoir; qui ont fait du journal une boîte à cancans, un répertoire de diffamations, et qui, de leurs faux jugements, faussent la conscience publique.

Tous les journalistes m'en voudront peut-
être; heureusement que pas un ne se recon-
naîtra au portrait

Mais nous sommes en wagon, nous allons
atteindre Saint-Cloud, mettons vite la tête à
la portière. Voilà le parc réservé : une vaste
ambulance occupe les hauteurs boisées, d'où
l'on aperçoit Ville-d'Avray; c'est ici la porte
où l'empereur Napoléon III prit le train qui,
en quelques semaines, devait le transporter
de Saint-Cloud à Sedan, de Sedan à Wil-
helmshœhe! Etrange et mystérieux départ!
Etait-ce un pressentiment? Tandis que l'armée partait avec un enthousiasme si ner-
veux, si bruyant, si fébrile pour cette guerre
qui devait si tôt finir, le commandant en
chef se dérobait, pour ainsi dire, aux adieux:
comme s'il avait le remords anticipé de sa
faute, et, pour dire plus vrai, de son crime !

Nous entrons dans le tunnel, qui se creuse
sous les jardins réservés du château; quelques secondes, — et nous serons en gare, à
Saint-Cloud. Nous y voilà ! Eh quoi? cet
amphithéâtre de ruines, c'est Saint-Cloud !
Ces maisons détruites, ces décombres, ces

cendres et cette poussière, c'est le gai, le
riant, l'aimable et charmant village, qui
s'appelait Saint-Cloud ! Voyons ! C'est bien
là l'avenue du château ; voilà bien la maison
Martine, que j'ai habitée huit ans, de 1830 à
1838...? quatre murs calcinés ! Montons ;
derrière l'église, mon grand'père a loué pendant bien des années une gentille maison où
toute la famille se donnait rendez-vous au
mois de septembre...? plus trace ! — Et la
maison du docteur Tahère, où nous avons
passé l'été de 1840 ; où mon père est mort...?
Rasée ! Et, plus bas, sur le quai, la petite
villa que nous avions achetée ; où le pauvre
grand'père s'est éteint après soixante ans de
labeurs ; après cinquante années d'une union
sans nuage...! Ah ! celle-là est restée debout, comme un hommage à la probité...!
Salut, cher et triste souvenir ! A toi le seul
sourire qui soit permis au milieu de tous
ces deuils ! Sourire mêlé de larmes ! Adieu
presque sans espérance !

Pauvre Saint-Cloud ! Il avait inspiré mes
premiers vers ! Je me rappelle encore le début de cette élégie, où j'avais été presque

poète à force de tendresse et d'émotion
vraie !

> Adieu, cher souvenir de mes jeunes années!
> Adieu, pauvre maison où j'avais mis mon cœur !
> O mon petit jardin, de tes roses fanées,
> Quand je te vais quitter, embaume ma douleur !

Me serais-je douté jamais qu'avant que
j'eusse atteint la vieillesse, ce pauvre village
aurait atteint la mort, et que de mille feux,
huit à peine fumeraient encore, prêts à s'é-
teindre sous les larmes? Et le soleil éclaire
magnifiquement ces ruines! La Seine poursuit son cours paisible entre ces désolations;
la nature s'épanouit dans un éternel sourire,
insultant aux ruines et raillant la mort!
Pauvre, pauvre Saint-Cloud !

Allons, puisque j'ai pris la route d'autrefois, poursuivons! le petit village de Boulogne n'a pas trop souffert. La patrie des
blanchisseurs a échappé aux maux de la
guerre étrangère et de la guerre civile: je
n'en dirai pas autant de son bois. Je n'étais
pas follement épris de ce grand parc si travaillé, si maniéré, où l'art semblait en lutte
constante avec la nature, et dont les jardi-

niers me représentaient d'habiles machinis-
tes d'opéra ; je n'aimais guère tout ce factice
et tout cet artificiel des arbres et des eaux ;
et cependant, quand j'ai revu ces ravages,
ces pauvres arbres brisés ou rasés, ces pauvres gazons brûlés, cette terre stérile, plus
stérile et plus nue qu'au jour de la création,
j'ai maudit une fois de plus cette guerre
monstrueuse, cette guerre cruelle, cette
guerre stupide et bête qui tue les hommes
et détruit les choses pour le seul plaisir de
détruire.

Boulogne mène à Auteuil, qui confine au
Point-du-Jour. Même spectacle! Autre deuil !
Le beau viaduc, qui part d'Auteuil pour atteindre Grenelle en traversant la Seine, est
criblé, grêlé de boulets; des morceaux de
parapets gisent sur le sol. et des piles énormes semblent trébucher sur leur base. Mais
Auteuil lui-même, cette jolie bonbonnière
de gracieuses villas; Auteuil, le hameau coquet et galant, qu'en reste-t-il? Un souvenir
et un regret. Non que la dévastation y soit
aussi complète qu'à Saint-Cloud; c'est aux
abords du bois seulement que le canon a fait

ces ravages; mais il a bien travaillé, convenons-en ; des maisons qui regardaient Saint-Cloud et Meudon, il ne reste pas même les murs; les obus n'ont rien épargné, et les pauvres habitants ont pu se demander, au retour, où était naguère leur maison, *locos ubi Troja fuit !* C'est au Point-du-Jour, — on s'en souvient — que Ducâtel a découvert un passage libre pour l'armée de Versailles, c'est par la porte d'Auteuil que nos braves soldats ont pu entrer dans Paris et mettre un terme aux longs brigandages du citoyen Delescluze, de Raoul Rigault, des Dombrowsky et des Champy ! Je n'ai pas le courage de reprendre cette histoire, ni de me retrouver en face de ces bandits, près de qui je me suis laissé retenir toute une longue journée. On en a tué beaucoup, on n'en a pas assez tué : c'est toute l'oraison funèbre que je leur consacre !

Assez et trop longtemps je retrouverai leurs traces dans ce Paris où je viens de rentrer ; le Trocadéro, les Champs-Elysées me rappellent bien des épisodes de la bataille; hélas! je n'en ai pas fini avec les ruines ; le jeune et brillant Paris a ses ruines, en effet, comme la vieille Rome, et, s'il ne vous déplaît pas, ami lecteur, le vieux Parisien vous conduira parmi ces dévastations et p armi ces décombres.

IX.

Les ruines.

Voulez-vous une idée de l'inconstance pa
risienne? Traversez la place de la Concorde,
en vous dirigeant, à l'est, vers la rue de Ri-
voli : vous y verrez la statue de Strasbourg,
nue et dépossédée de toutes ces couronnes
que lui prodigua l'enthousiasme d'un jour.
Est-ce un oubli? ou les malheurs de la
France comptent-ils comme faute à la déplorable Alsace? Je ne sais qu'en penser; mais
d'instinct et sans chauvinisme — puisque
chauvinisme il y a — j'aurais souhaité plus
de persévérance dans la sympathie, plus
de mémoire et de reconnaissance pour l'hé-
roïque cité. Les ruines du cœur sont bien
autrement douloureuses que les autres; elles
ne se réparent pas.

Voici déjà se relever l'une des deux fontaines où se mirait l'obélisque. Le canon
l'avait mise en pièces, et les tritons, les

naïades avaient perdu les bras, la tête ou le corps à la bataille ; l'obélisque est resté debout; j'ose avouer que je l'aurais donné de grand cœur pour la Cour des comptes ou pour la Légion-d'honneur. Cette grande antiquité, se profilant sur les Champs-Elysées comme l'aiguille d'un cadran solaire, petite dans ce vaste espace, étrangère dans ce quartier si parisien, cet objet d'art très vilain, dont la place est si bien marquée dans les cours de la bibliothèque, je ne l'ai jamais aimé et je ne l'aurais pas regretté, moins que regretté, s'il avait écrasé dans sa chute les vandales et les idiots qui ont abattu la colonne Vendôme.

Cette belle, cette glorieuse colonne, qui choquait le citoyen Courbet; notre honneur, notre vengeance, coulés en bronze, — ils ont détruit cela, sous prétexte d'art ! Hé, citoyen Courbet*, si l'art était si respectable ou si rigoureux, comment donc et pourquoi n'a-t-on

---

*) Au cours de cette publication, un ami très indulgent et très compétent, me fait observer que je suis injuste pour Courbet. Je l'avoue. le politique m'a gâté le peintre. Je reconnaîtrai donc bien volontiers aujourd'hui qu'il y a dans le citoyen communeux un grand artiste et un maître; j'ajouterai toutefois, que l'école de ce maître ne sera jamais la mienne, et que l *Réalisme* ne vaudra jamais, à mon sens, la vérité!

pas crevé toutes les caricatures dont vous
avez, depuis vingt ans, offensé nos yeux et
corrompu notre goût? Qu'il vous plût substi-
tuer le petit caporal au ridicule César, qu'on
avait juché là haut, passe encore! mais la
colonne, ce n'était ni Napoléon, ni Bonaparte; c'était notre gloire; c'étaient les titres
de la première République autant que de
l'empire; ce n'était pas la fantaisie d'un empereur, c'était la valeur du peuple, de votre
père et du mien, qui avait conquis et dressé ce
monument. Vous êtes donc plus ignorant encore
que vous n'êtes prétentieux et grotesque?
Et vous avez peut-être été fier de votre idée;
vous l'avez trouvée charmante et de nature à
vous bien poser! Nos pères en riaient moins,
et ce n'est pas sans émotion que je me rappelle, en écrivant ces lignes, les deux vers
d'une chanson populaire que chanta notre
jeunesse :

> Ah! qu'on est fier d'être Français,
> Quand on regarde la colonne!

Je suis moins fier d'être Français et Parisien en regardant le quai d'Orsay où les bandits ont utilisé leur pétrole. Je ne suis pas

des plus curieux ; mais sauf l'instinct sauvage et stupide de la destruction, qui diantre a pu pousser ces messieurs de la Commune et leurs dames, disons plus uniment leurs femelles, à brûler la Légion-d'honneur et la Cour des comptes? Mettons encore que la Légion-d'honneur choquât l'honneur de Champy ou de Grousset; mais la cour des comptes! que pouvait-il y avoir dans le beau palais du quai d'Orsay, qui gênât ou offusquât ces idiots? Il y a eu des comptes sous leur gouvernement; ils savent bien ce que c'est que la soustraction, par exemple; eh bien, ils auraient pu créer une Cour des Soustractions, qu'ils auraient installée là; voilà tout! En rapprochant cet incendie du meurtre de Jecker, le trop célèbre banquier mexicain, j'ai toujours pensé qu'il y avait eu, dans le gouvernement de la Commune, un certain nombre de ces doubles bandits, traîtres et louches, qui savent exploiter toute situation, et vendre au passé le présent, et la République à l'empire! Aussi bien, l'existence de Jecker importait-elle à Jourde ou à Billioray? Ce Mexicain était-il un sérieux otage aux mains de l'insurrection ? Il y a là un mystère que je tiendrais à sonder et surtout à éclaircir.

Vous souvenez-vous de cet hôtel, élégant et sévère, qu'on appelait le palais de la Légion-d'honneur ? Il n'avait rien d'ambitieux dans ce siècle d'architecture prétentieuse ; sa construction un peu basse, sa rotonde, ses bustes et ses bas-reliefs attiraient cependant les yeux ; et quand on savait ce qu'était ce palais, on se sentait pris d'un respect profond et réel pour cet ordre de la Légion-d'honneur, contre qui Gambetta rendit un jour un si malheureux décret ! Bien inoffensif, d'ailleurs, ce petit palais ; ses archives faisaient toute sa valeur. Il a été brûlé néanmoins, et l'on aura peine à en sauver quelques bas-reliefs. J'ai vu les mouleurs à l'œuvre, disputant à la ruine ce qui pouvait être conservé ; et de fait, grâce à une souscription toute nationale, je crois que nous verrons se relever l'hôtel de la chancellerie ! Puisse l'avenir y enregistrer autant de gloires qu'autrefois ! La rue de Lille, qui longe la chancellerie. la Cour des comptes et la caserne d'Orsay, parallèlement au quai, a été cruellement dévastée; la raison en est simple : c'est là qu'habitent la noblesse et la fortune.

Passons la Seine, entrons dans le jardin des Tuileries ou dans la cour du Louvre. L'incendie a fait là œuvre complète de destruction. Excepté les quatre murs, il ne reste rien, rien! Les toits se sont écroulés, les planchers se sont effondrés, les fenêtres sont percées à jour; le Louvre peut regarder les Champs-Elysées à travers le vieux palais des rois. Cette fameuse salle des maréchaux, que connaissait l'Europe et qu'enviait le monde, que la République de 48 avait presque respectée dans son ivresse, les communeux l'ont incendiée, détruite, anéantie; il n'en reste pas trace; où le pan de mur est debout encore, le pétrole a léché, la fumée a noirci les derniers ornements. Je sais bien que les révolutions provoquent le plus souvent la bataille, et je n'en veux qu'à demi aux deux dernières Républiques d'avoir signalé leur avènement par des destructions; je le constate, cependant, en regrettant que le mieux, si c'est le mieux, s'annonce par d'inutiles mé-

faits. Je crois le mot « méfaits » assez res-
pectueux. Et, pour être sincère jusqu'au
bout, faut-il dire que cet incendie est un de
ceux qui se pardonnent le mieux, ayant son
apparente raison d'être : on veut détruire la
royauté ; on détruit ses palais, on efface ses
derniers vestiges ; on se flatte de tuer l'idée,
le fantôme. Il y a là quelque chose de logique
et de quasi politique ; je ne l'approuve pas,
je me résigne à le concevoir : si bien qu'en
regardant le triste monument, la pitié se
contente d'un soupir, complété par un « après
tout!... » Et puis, au point de vue de l'art,
ces pauvres Tuileries laissaient bien à dési-
rer ; c'était laid, ou peu s'en faut : cette
grande terrasse, que l'incendie a dessinée en
place des toits et qui allège le château de ses
combles si communs et si lourds, offre aujourd'hui à l'œil quelque chose d'élégant et
de magnifique. Je ne souhaite pas, au moins,
que l'architecture bénéficie trop souvent de
ces résultats-là, et que Philibert Delorme ait
à partager sa gloire avec le citoyen Assi.

Le Louvre, disais-je, est à peu près intact ;
et ce qui en a été atteint sera vite réparé.

Mais le Palais-Royal! une ruine! Le prince
Napoléon est acquitté et justifié de ses ac-
cointances avec la Rouge; mais ne parlons
pas des absents. Il y a, hélas! assez à dire du
palais. C'était une charmante et luxueuse
habitation que celle-là : la modestie dans la
grandeur, si l'on était sage; une belle retraite dorée parmi les agitations, les ambitions, et les conspirations de la Couronne. Ce
n'était pas le trône, qui vacille toujours plus
ou moins; c'en était le premier degré, celui
qui tient au plancher, solide d'abord, et dé
jà glorieux. Tuileries et Palais-Royal ont
sauté ou brûlé du même coup. La cour inté-
rieure a été respectée, comme la terrasse qui
domine le jardin, et qui surplombe la galerie
d'Orléans. Bien déchue de sa gloire aussi,
cette galerie d'Orléans, centre de Paris autrefois et patrie de tous les rendez-vous. Le Palais-Royal, au temps de ma jeunesse, c'était
le beau Paris; les grandes renommées culi-
naires étaient là : Véry, Véfour, les Proven-
çaux; toute l'horlogerie de luxe, toute la bi-
jouterie, l'or et les diamants brillaient en
feux croisés sous ces fameuses galeries, que

la gent étrangère parcourait pas à pas et comme religieusement. Le café de Foy et la fameuse hirondelle de Vernet, étaient un saint pélérinage pour les bons provinciaux qu'on se montrait alors au doigt, et qui se montrent aujourd'hui du doigt le parisien égaré dans Paris. Qui donc n'a pas son destin? Qui et quoi ne meurt pas, hommes et choses? L'incendie du Palais-Royal, c'est le coup de grâce : Finis Poloniæ!

Où nous diriger, à présent? Le mieux, sans doute, est de suivre la ligne qu'à suivie l'incendie : ah! les mesures étaient bien prises : Paris était coupé en deux par une longue traînée de feux, du ministère des finances à la Bastille. Il y a telle lithographie coloriée, qu'on voit chez tous les marchands d'estampes et de gravures, qui donne assez bien l'idée de cette grande horreur : marchons donc! Je ne veux plus m'arrêter aux désastres partiels, pas même à ce pauvre Théâtre-Lyrique, que les noms de Gounod et de Mme Miolan eussent dû préserver; c'est à l'Hôtel-de-Ville que je cours. L'Hôtel-de-Ville! le palais de la Commune, le théâtre de sa

gloire éphémère et de ses sanglantes orgies!
Détruit, ruiné, percé à jour, comme le palais
des rois... Pourquoi? C'est ce que l'histoire
nous apprendra peut-être un jour, à moins
que M. Régère ne nous le dise demain dans
un mémoire justificatif.

Laissons M. Régère et ses acolytes pour
regarder ce qui reste d'un des plus beaux
monuments de l'ancien Paris. Qu'il était
beau, cet hôtel, riche et grandiose, très digne
d'être ce qu'il était, la grande mairie de la
Seine, de la France! Quelle émouvante et
glorieuse histoire! quel passé! quel avenir!
à part son architecture si justement renommée, c'étaient des archives sans prix : le monument était imposant, mais les secrets de
ce monument étaient bien autrement curieux
et précieux : c'étaient les fastes mêmes de la
capitale. Paris avait donné là, à l'Europe entière, à toutes les renommées de l'Univers
connu, des fêtes magiques, des dîners de ga-
la, des bals et des concerts dont les menus et
les programmes faisaient le tour du monde,
son étonnement et son envie. Ses illumina-
tions étaient féeriques, je m'en souviens, et

Paris y exerçait une hospitalité, que les rois n'auraient pas voulu, que les empereurs n'auraient jamais pu égaler, ni même appro_ cher. Quatre pans de murs calcinés : quelques colonnettes noircies et brisées; quelques statues et quelques bustes : voilà tout ce qui reste! Seuls, le pavillon de l'horloge et la façade ne se sont pas écroulés, et le passant peut lire, inscrits au fronton, les fameux mots sacramentels : Liberté, Egalité, Fraternité! Les communeux se sont chargés d'écrire : ou la mort, on sait comment! Non, je ne crois pas qu'il y ait un spectacle plus navrant que celui-là : la méchanceté la plus noire, la barbarie la plus stupide, le raffinement de la vengeance la plus lâche et la plus vile ne pouvaient rien imaginer de plus odieux : l'incendie de l'Hôtel-de-Ville sera à tout jamais le plus éloquent et le plus douloureux témoignage des crimes de la Commune et des lâchetés qui les ont amenés, des lâchetés qui les ont subis. Soyons sévères et sans pitié pour nous-mêmes, si nous voulons nous relever dans notre propre estime et reconquérir l'estime des autres!

6

Qu'est-ce, après cela,. que l'incendie de la Préfecture? Tous ces forçats avaient la marque; ils ont voulu la faire disparaître : c'était logique. C'était un reste de pudeur qui les poussait à détruire leur passé; le vice peut avoir son amour-propre et le crime son hypocrisie. Ces gredins ont brûlé leur dossier; c'est bien. S'ils s'étaient brûlés du même coup, c'eût été mieux : ils auraient épargné à leurs juges l'ennui de les condamner, à la France, la crainte de les revoir. Qu'est-ce encore, au prix de cette ruine, que l'incendie du grenier d'abondance ? Cela se réparera : l'effet, présentement, n'en est que singulier ; on dirait un temple druidique; les décombres ont je ne sais quelle tristesse pittoresque.

La colonne de la Bastille devait tomber aussi, on le sait : elle était minée; le soubassement était devenu cave à pétrole. Une circonstance, toute fortuite, Dieu sait laquelle! a sauvé cette pauvre colonne qui n'est que fortement endommagée : que n'en puis-je dire autant de la place de la Bastille? Ses maisons ne sont que ruines et décombres; la bataille y a été longue et meutrière

comment n'aurait-on pas brûlé les édifices;
on brûlait les hommes. Oui, c'est là qu'est
mort le commandant de Sigoyer, enduit de
pétrole, brûlé par les amis d'Urbain, de
Jourde et de Champy! Qu'ont-ils donc épargné, ceux-là? Pas même la mort!.... Le ci-
metière du Père-Lachaise a été un champ de
bataille; on s'est tué sur des tombes, et l'a-
sile du repos a été troublé par les cris des
agonisants, ravagé par les obus, et souillé
par ces fratricides! Liberté, liberté! j'ai peur
d'avoir trop raison en parlant ainsi; ce mot
de fraternité que tu proclames, quand l'écho
de l'histoire le répète, n'a jamais eu encore,
qu'un son et qu'un sens : Fratricide!

Dieu te le pardonne!

X.

Rencontres et racontars.

Un vieux Parisien, si dépaysé qu'il soit
dans sa patrie après cinq ou six ans d'ab
sence, se retrouve, lui et ses habitudes, en
moins de temps qu'il ne faut à l'omnibus de
l'Odéon pour arriver aux Batignolles. Il a
tout de suite refait connaissance avec sa rue
et avec son quartier : les deux ou trois four-
nisseurs accoutumés, auxquels il a d'abord
recours, lui donnent le ton pour se reconnaître aux petits détails matériels de la vie ;
le premier cocher qui n'est pas poli, le premier garçon de café qui est obséquieux, le
premier marchand de programmes qui s'ac-
croche à lui, *è tutti quanti*, le rétablissent
vite dans ce milieu où il se sent vivre de la
même intensité de vie que le poisson qui se
décroche de la ligne et retombe à l'eau. Ajou-
tons que le premier acte du Parisien est de
gagner les boulevards, en s'arrêtant scrupu-

leusement devant tout ce qui est motif à flânerie, devant les marchands de comestibles
et devant les expositions d'œuvres d'art, devant les affiches de théâtre et devant les
beaux magasins. A sa première sortie, enfin,
le Parisien s'est tellement imprégné d'air na-
tal, qu'il ne s'explique pas bien comment il a
vécu, ni même s'il a réellement vécu dans la
province d'où il debarque.

    Il est chez lui : aussi quelle aisance! quelle
sûreté d'allure parmi tout ce tapage et tout
ce mouvement! De quel geste familier il arrête le cocher d'omnibus! De quel pied agile
il s'élance sur l'impériale! Comme il écarte
avec simplicité et sans morgue tous les dis-
tributeurs importuns de prospectus men-
songers! Avec quelle sérénité il lit son journal
en pleine rue, au milieu des passants affairés
ou des jolies promeneuses! On dirait que la
place est à lui et que les voitures doivent
s'arrêter devant ses pas. Le macadam pour
lui cesse d'être boue ou poussière; pour lui
le gaz n'a pas de fuite, et les arbres du boulevard ont presque des feuilles.

    Si cette intimité est vraie entre les choses

et l'homme, que sera-ce de l'intimité qui s'établira entre le Parisien et les autres Parisiens? Une heure de course sur les boulevards peut s'évaluer à cinquante saluts et cinquante poignées de main : soit quatre-vingt-dix-neuf connaissances et un ami. Le soir de mon arrivée, il y a tantôt un mois, j'avais retrouvé à peu près tout mon monde' et noué, grâce à mon frère, quelques-unes de ces relations courantes qui ne laissent pas que d'avoir leur charme. Le lendemain, comme nous allions à Versailles, nous nous rencontrions en wagon avec L. Couailhac, qui était un homme d'esprit il y a trente ans, et qui est aujourd'hui un homme de plus d'esprit, plus jeune sous ces cheveux gris qu'un grand nombre de ses confrères de la presse, qui débutent. Un des rédacteurs de la *Patrie* lui faisait face, Cavalier, je crois, un aimable causeur et un très galant homme; vis-à-vis de moi un véritable adolescent, dont j'appris le nom en arrivant à Versailles, Albert Millaud, qui a écrit dans le *Figaro* tant de vers élégants, tant de fantaisies piquantes, et qui a dit tant de vérités à tant de puissants, qui se les était attirées. Je me souviens que presque tout l'entretien roula sur Victor Hugo, à propos de ses démêlés avec la Belgique : tout le monde causa ; personne n'exprima d'idées plus justes que notre jeune poète ; celle-ci, entr'autres, que j'ai retenue : il disait que l'auteur de *Notre-Dame de Paris* en était venu à cette extravagance dans le jugement et dans l'expression, qu'on ne pourrait mieux le parodier qu'en le copiant. — « Citez, disait-il, comme exemple de pastiche, telle page de *l'Homme qui rit*; et tous ceux qui liront cette page se récrieront sur le bonheur de la ressemblance et sur la bouffonnerie de l'imitation. » Nous étions tous d'accord, en somme, pour déplorer la fin douloureusement grotesque de celui qui fut un si grand poète au début, — de tout temps, il est vrai, un si piètre sire.

Quand nous revînmes le soir, nous étions à peu près les mêmes voyageurs, sauf que nous avions recruté un des principaux rédacteurs du *Droit* ou de la *Gazette des Tribunaux*. C'était un ami de L. Couailhac, dont je craindrais d'écorcher le nom ici, mais dont la conversation est restée gravée dans mon souvenir. Voici ce qu'il nous raconta, et sur quoi j'appelle l'attention de ceux qui me lisent, et le jugement de ceux qui défendent les Rochefort et les Rigault. Je me souviens à présent, sauf erreur, que c'est Maisonnaz que s'appelait notre nouveau compagnon. C'est un homme jeune encore, méridional comme l'indiquent son nom et son accent; très simple, d'ailleurs, et très sincère dans ce récit, qui produisit sur nous tous la plus étrange impression.

C'était aux plus beaux jours de la Commune; le citoyen Raoul Rigault trônait alternativement à la justice et à la police, où l'on connait ses agissements; je n'y reviendrai pas. Toutefois, et pour simple mémoire, je rappellerai en trois mots que ce crapuleux gredin de vingt-quatre ans fut le plus cruel d'entre les membres de la Commune, qu'il remplit les prisons de ses vengeances et la fosse Commune de ses assassinats. Maisonnaz, qui est avocat, avait eu l'occasion d'obliger deux ou trois fois, comme défenseur, Raoul Rigault: on pense bien, en effet, que

ce drôle avait eu maille à partir avec la justice, qu'il représentait maintenant! Maisonnaz est un bon journaliste et un bon avocat;
Rigault lui devait donc de la reconnaissance:
mauvaise affaire. Or, il arriva un jour que
l'avocat se retrouva en face de son ancien
client: il s'agissait de rendre à la liberté un
brave et honnête garçon que le chef de la
police avait fait incarcérer. Maisonnaz solli-
cita, en appela aux sentiments d'équité du
grand justicier, et, par occasion, aux sentiments de gratitude de celui qu'il avait sauvé
de la prison. — Ici j'abrége. — « Tu y tiens
donc bien à ton monsieur », dit enfin Raoul
Rigault, pour brusquer l'entretien. — Oui.
— Eh bien, je te le joue en un cent de piquet. — Voyons, Rigault ; la liberté d'un
homme, sa vie peut être. c'est chose sérieuse,
et le moment n'est pas bon pour plaisanter.
— Aussi je ne plaisante pas ; je te répète que
je te joue ton homme en un cent de piquet. »
— Sur ces entrefaites, un huissier vînt qui
pria le citoyen Rigault de sortir pour quelques moments.

Et Maisonnaz demeura seul dans le cabi-

net du nouveau Fouquier-Tinville ; l'absence
dura un quart d'heure environ : ce fut un
siècle, nous contait le héros de l'aventure.
Que faire! la proposition était très sérieuse,
et nul doute que Rigault s'y tiendrait. Ne
pas jouer, c'était condamner le pauvre garçon
à recevoir le soir même dix balles dans la
tête ; jouer et perdre, c'était le tuer de com-
plicité avec l'assassin. Et puis enfin descendre
à cette ignominie, c'était quasi l'approuver.
Rigault rentra aussi calme qu'il était sorti ;
« tu peux te vanter d'avoir de la chance, on
m'appelle à la Commune et je ne saurais à
quand remettre la partie. Va dénicher ton
bel oiseau, ajouta-t-il, » et il remit à Maisonnaz un ordre de libération. Voilà où nous en
étions venus! C'est à ce même Rigault qu'un
ami, ami d'estaminet, bien entendu, disait un
jour en causant: « laisse nous donc tran-
quilles ; tu veux faire fusiller tout le monde ;
Tu me feras peut être aussi fusiller, moi? »
— « J'y pensais ce matin », reprit l'implacable terroriste : Troppmann a fait école.

Etonnez-vous donc, après cela, des repré-
sailles et des vengeances? Si les chefs qui, en

somme, ne manquaient pas tout à fait d'éducation ni d'instruction, procédaient de cette façon barbare ; si ceux qui écrivaient la loi donnaient ces exemples de cruauté cynique et de lâcheté sans nom, que fallait-il attendre des masses, de la populace avinée, abêtie, que les bagnes avaient lâchée sur la ville et qui se sentait autorisée à tout entreprendre et à tout prendre ? Je me rappelle à ce propos une visite faite à l'un de mes plus vieux amis, et que je donne ici pour l'un des libéraux les plus dignes de ce nom : esprit et cœur excellents, sans ambition et sans prétention, haïssant la pose, et d'une probité, d'une sincérité à toute épreuve, en même temps que d'une douceur d'âme que j'admire. C'est, sans le nommer, un de nos premiers éditeurs de musique, l'heureux successeur de Meissonier. M'entretenant, un jour, des atrocités dont il avait été le témoin durant ce malheureux mois, il me contait comme quoi il s'était surpris à jouir de certains spectacles horribles, et à se rendre compte, lui, l'homme indulgent et humain par excellence, de ses barbares plaisirs. « Il m'est arrivé, me di-

sait-il, de compter les morts, de supputer
très froidement, et même avec délices, ce
qu'il pouvait y avoir de cadavres dans un tas
ou dans un autre: de contempler des blessures
épouvantables en artiste et de me dire tout
bas à moi-même : bien touché! joli coup! superbe plaie! — J'en arrivais, ajoutait-il, à la
naïveté dans la férocité ; j'ai pu regretter quelquefois de n'assister pas à ces éxécutions
sommaires qui nous débarrassaient des pires
coquins. — « Tiens, déjà les mouches ! » dit
devant moi, un jour, une femme du peuple,
en regardant le corps d'un beau garçon qu'on
venait de fusiller au coin du boulevard. Le
propos me parut tout naturel, et la femme
douée de l'esprit d'observation: voilà tout. »
— Ce sont les militaires qu'il faut entendre
sur ces mille et un détails de la bataille. J'ai
eu deux fois l'honneur et le plaisir de déjeuner avec le commandant de chasseurs,
Petit Gand. C'est un homme encore jeune,
très instruit dans les choses de la guerre,
très éclairé sur toutes choses, la science et la
conscience tout ensemble, l'intelligence et la
volonté. J'ai rencontré bien rarement une

aussi complète nature : véritable type de l'officier supérieur, aussi sage dans le conseil que ferme à l'action. Et quels hommes que ceux-là, observateurs sagaces et moralistes pénétrants! Diderot, son compatriote, en eût été fier. Je puis dire qu'il avait tout vu, tout entendu, ce que l'imagination la plus hardie n'aurait pas osé concevoir : c'est lui qui arrivait à la Bastille pour être le témoin et le vengeur du commandant de Sigoyer. Il avait traversé tout Paris, l'épée à la main, pourchassant de rue en rue ces bandes d'égorgeurs qui se battaient quelquefois bien, mais qui étaient surtout consommés dans l'art de l'assassinat. Il n'était pas imbu de bien vifs sentiments de compassion, et, pour ma part, je le lui pardonnais; je ne hais rien tant, à vrai dire, que ces prêcheurs d'humanité qui se cachent dans leurs caves ou se tiennent à distance du danger, et qui, le lendemain de ces boucheries qu'ils ont quelquefois provoquées et jamais empêchées, plaident l'indulgence et réclament l'amnistie! Ces bonnes gens finiraient par pensionner les insurgés et doter les pétroleuses. Ce qui se raconte entre hommes

après boire, ne peut pas toujours, ne doit pas
même s'écrire. C'était une femme, cependant,
dont il nous rapportait les propos, une jeune
et jolie fille, toute jeune, qu'il n'avait pu se
décider à faire fusiller, bien qu'on l'eût ar-
rêtée derrière une barricade, et tirant sur
les troupes. Entr'autres mots caractéristiques :
« passez-moi donc votre drapeau que je....
crache dessus ! » disait elle ; et c'étaient ses
moindres offenses ; et les gestes étaient plus
obscènes encore que les discours. « Les fous
furieux », nous disait encore le commandant,
« étaient toutefois beaucoup plus rares que
les lâches et les poltrons » ; il avait été écœuré
des subites prostrations de ces bandits : une
peur de mourir qui n'avait d'égale que leur
fureur de tuer.

Ce que me confirmait un des hommes les
mieux instruits de cette malheureuse bataille, Camille Rousset, l'historien de Louvois,
l'archiviste de la guerre. Dès que les Versaillais furent entrés dans Paris, son premier
soin fut de courir au ministère et de faire
main basse sur tous les papiers officiels de la
Commune. Il en remplit cinq caisses qu'il

dépouilla sans perdre de temps, avec la ferme intention d'écrire l'histoire véritable de ces lugubres journées. « Vous n'imaginez pas, mon ami, — (c'est lui qui parle) — ce que me révélait chaque rapport adressé au citoyen Delescluze : de constantes défections; le premier coup de canon mettait en fuite des compagnies entières; les postes dangereux étaient abandonnés en moins de rien; les chefs qui étaient tenus à plus de résolution, se plaignaient incessamment de la désertion de leurs hommes : Vous vous souvenez que Rossel témoignait du même dégoût pour ces bandits, à qui il avait sacrifié, un jour, tout un passé honorable, tout un avenir brillant. J'aurais vivement désiré, avant que la *légende* pût s'établir, donner l'histoire vraie du second siége de Paris; le gouvernement n'a pas pensé comme moi, et mes notes seront probablement perdues; je le regrette pour la vérité. »

Et moi aussi : il eût importé, en effet, que la *légende* ne s'établit pas. et que ces assassins ne fussent pas un jour — un jour prochain peut-être — tenus pour des héros.

C'était l'avis de Sarcey, qui a écrit un excellent livre sur le premier siége et tout récemment une si belle lettre sur le divorce, à propos du procès Laluyé; de cet honnête et loyal Sarcey, qui a sacrifié toute popularité à la vérité et qui soutient, depuis cinq ans, une si rude campagne contre tous les abus; c'eût été, j'en suis sûr, l'avis d'About, si j'avais pu recueillir cet avis; mais About ne se voit plus; M. Thiers a peur qu'il ne se sauve à Prangins, j'imagine, et il le tient sous clef à Versailles; et, dans l'amitié du grand homme, About expie glorieusement et oublie spirituellement l'amitié des Napoléon.

XI.

Les boulevards.

Quand Paris n'aurait que ses boulevards, Paris serait une grande ville; quand Paris ne s'étendrait que de la Madeleine à la Porte Saint-Denis, Paris serait une ville très curieuse, ou, pour mieux dire, plusieurs villes, très différentes d'aspect et de mœurs, toutes également intéressantes, sur une longueur de trois à quatre kilomètres.

On voit où je me borne. Point ne songe, aussi bien, à te promener, cher lecteur, à travers cette ville moderne, sillonnée de boulevards nouveaux, baptisés hier, débaptisés aujourd'hui, et pour toujours, je l'espère, débarrassés de leurs parrain et marraine. Non; les boulevards, les vrais, les seuls, ceux que M. Haussmann a presque respectés, les boulevards d'autrefois et de toujours, c'est la grande et belle voie qui part de la Madeleine pour aboutir à la colonne de Juillet. Nous ne

7

sortirons pas de là ; et même nous nous ar-
rêterons, crainte de fatigue, là où la pioche
impériale a défiguré notre vieux Paris pour
construire la caserne et percer le boulevard
du Prince-Eugène.

Et maintenant, en route ! Le boulevard des
Capucines est... faute de mot, je change d'idée:
est très différent de ce qu'il était il y a vingt
ans. Il y a vingt ans, c'était la petite Pro-
vence de toutes les aristocraties, nobiliaire,
financière, étrangère ; c'était le Marais des
millionnaires : des hôtels, des jardins et de
l'ombre, presque du silence ! Le chemin de
fer du Havre troubla cette paix et répandit
le mouvement dans ces parages. Les jardins
disparurent, les maisons s'élevèrent, hautes et
contiguës ; les magasins s'ouvrirent, élégants
et riches ; la foule vint, la foule suivit, et le
boulevard des Capucines est aujourd'hui le
grand boulevard ! La Madeleine le sanctifie ;
l'Opéra l'agrémente, et le grand hôtel y
amène l'Europe et l'Univers. Ce serait une
histoire à faire que celle de ce grand mouvement qui a poussé incessamment Paris, le
Paris des millions, de la Bourse vers la

Chaussée d'Antin, de la Chaussée d'Antin
vers la Madeleine, et qui le poussera, un jour
ou l'autre, de là vers les Champs-Elysées, et
plus loin peut-être.

Le boulevard des Italiens — le fameux
boulevard de Gand de 1830 — a perdu tout
juste ce qu'a gagné son richissime voisin : il
est encore bien animé, bien vivant. Il mène
à la Bourse! C'est le rendez-vous de la spéculation, c'est-à-dire du luxe et de la misère,
de l'or et du chrysocale, de l'agent de change
et de l'agent de rechange : monde à part, et
demi-monde du sexe fort, où la santé est la
fièvre, et l'honneur, du bonheur! A cela près,
tenue presque uniforme, et toujours élé-
gante : les bottes sont peut-être éculées
quelque peu; elles sont vernies; le linge qui
se laisse voir, est toujours beau et blanc; la
coupe de l'habit est excellente; bons cigares;
des gants; pas de ruban à la boutonnière :
Voilà le type général! De deux heures à cinq,
les trottoirs semblent exclusivement réservés
à cette classe d'individus qui fait ses affaires
avec celles des autres. Il y a des exceptions;
mais si on désignait les gens honorables qui

hantent ce boulevard, on ferait tort à bien
du monde.

Le boulevard Montmartre commence où
finissent les Italiens : nouveau monde. Auteurs, acteurs, directeurs foisonnent aux
abords des Panoramas, de la rue Vivienne à
la rue Montmartre. Peu de circulation dans la
matinée ; mais passé l'heure des répétitions,
plus de circulation : le café des Variétés n'est
plus qu'une exposition des célébrités du
théâtre, auxquelles se joignent les célébrités
de la *Petite Presse* : C'est l'heure du *boule-*
vardier ! Honni soit le bourgeois à cette
heure de flânerie! Le haut du pavé est à
l'artiste, rien qu'à lui; et quel mal à cela?
Ce sont de bonnes gens, en somme, que ces
comédiens et ces feuilletonistes : ils en
prennent sans trop de morgue et sont mieux
élevés que ne pense la bourgeoisie; ils rient
parce qu'ils ne prennent pas la vie au sérieux et qu'en résumé le monde prête à rire;
ils sont de bonne humeur par esprit autant
que par caractère, oublieux de la veille et
peu soucieux du lendemain ; ils se moquent,
avec quelque raison, de cette société hautaine

et vaine, qui les applaudit le soir après les
avoir méprisés tout le long du jour.

Oui, vraiment, dans cet aimable voisinage
des Panoramas, il y a beaucoup d'insou-
ciance et pas mal de philosophie; une in-
croyable prodigalité de talent et de vie, de
renommée sans avenir, et d'esprit sans
lendemain; c'est la bohême, enfin! la bohême
en plein vent, vieille avec des cheveux noirs,
jeune et trop jeune avec des cheveux gris,
quelquefois.

Drapant sa gueuserie avec son arrogance,
comme don César de Bazan; d'autres fois
riche et simple, libérale sans prétention et
généreuse, généreuse d'instinct et de cœur.
En deçà de la rue Vivienne, c'était l'argent,
arrogant et bête, qui circulait avec fracas;
ici, c'est la gaîté qui s'épanouit au soleil en
attendant le gaz. Argent! gaîté! deux bonnes
choses; je voudrais avoir un pied à terre sur
l'un et l'autre pays.

Le restaurant Brébant ou Vachette, comme
on voudra l'appeler, est le terrain neutre —
un bon et gras terrain neutre — entre le
monde du boulevard Montmartre et le monde

du boulevard Bonne Nouvelle. On ne s'amuse plus ici, on travaille; c'est bien la spéculation encore, mais la spéculation honnête et laborieuse, le commerce vigilant et vaillant. Voilà bien d'autres types : La rue Saint-Fiacre, la rue du Sentier, lancent incessamment sur le boulevard des jeunes gens sérieux, pressés, actifs, qui se sentent épiés de loin, suivis de l'œil du maître; avides, enfin, de suivre l'exemple de leur chef. Le solide remplace le beau, et le gaz qui éclairait là-bas, jusqu'à minuit, les bonbons de Siraudin ou les brillantes étoffes de la Compagnie lyonnaise, s'éteint ici de bonne heure sur les riches impressions des Dollfus ou des Steinbach.

Les boulevards Saint-Denis et Saint-Martin, malgré leurs illustres patrons, ne valent guère qu'on s'y arrête. Ce n'est plus la grande industrie qui s'y rencontre, c'est le petit commerce parisien, le détail rapide, mouvant, courant. Les habitués de céans n'ont rien qui les recommande à la curiosité qu'un certain entrain un peu commun, moins de conversation que de bagout, moins de politesse que de hardiesse. Pauvre boulevard

Saint-Martin! Plutôt le plaindre, hélas! que
le critiquer. Dans quel état je l'ai revu! Cinq
cents mètres de ruines, de pierres calcinées
et de poussière, là où se jouaient les grands
drames de Dumas; où l'on applaudissait Bo-
cage et Mme Dorval; où Frédérick Lemaître
avait eu ses plus beaux succès.....! Tout cela
m'a coupé ma joie et ma verve; je me sens
vieux, il faut que je m'arrête. J'aperçois,
d'ailleurs, le boulevard du Temple. qui n'est
plus le boulevard du Temple, et une caserne
qui me gâte tout le voyage. Merci des casernes! C'est la guerre, et la guerre, c'est la
France perdue pour l'Alsace, c'est l'Alsace
perdue pour la France. Pauvre et vaillante
Alsace! Pauvre France!

Nous n'irons donc pas à la Bastille qui
n'existe plus, d'ailleurs, et qu'un embarcadère remplace avantageusement : Cela, aussi,
nous dispensera de voir Mazas. Mieux vaut
retourner sur nos pas; nous avons omis de
regarder bien des choses : il y a des indus-
tries en plein vent qui sont assez curieuses
à connaître, et qui gagneraient plus sans
doute à se cacher qu'à se produire. L'homme
n'est pas parfait; la femme, non plus.

Le soir, vers les six heures ou, comme on dit, entre chien et loup, selon la saison, on voit apparaître et voltiger un essaim de jeunes beautés aux alentours des hôtels ou des restaurants. Les affaires sont faites; Mercure, dieu de la Bourse, a dévoré son hécatombe de moutons, je veux dire d'actionnaires; l'étranger, qui a battu tout Paris et les environs, éprouve le besoin de s'asseoir; les employés du gouvernement et les commis de magasin recouvrent leur liberté; le crépuscule est poétique et l'odeur de la cuisine pousse à la rêverie. Elles le savent, ces belles de nuit, modestes comme la violette et parfumées comme le musc : les voici, traînant sur le premier macadam du monde connu, un pied mignon et bien chaussé, une robe de soie éclatante, bruissante, et dont le frôlement électrique doit produire, sur certains organismes, l'effet de l'étincelle. Et quels cheveux, Monsieur! Il y a bien des économies sous ce petit chapeau, et de véritables ressources en cas de détresse : avec cela que la mode est aux cheveux d'or! Ça n'est pas très joli, mais c'est cher; jugez donc ce qu'il

a fallu raser de rousses pour coiffer une de
ces belles personnes.

Un fait assez curieux, c'est que ces dames
vont généralement deux par deux comme les
vers alexandrins, et présentent un perpétuel
contraste : quand l'une est très jeune, l'autre
est très mûre; quand l'une est jolie, l'autre
est fanée en diable; quand l'une a la grâce
de la gazelle, l'autre a la majesté de l'hippo
tame; je crois, en vérité, que si l'une avait
une bosse comme le dromadaire, l'autre en
aurait deux comme le chameau : on arrive,
parfois, à de singulières comparaisons.

Une autre observation : c'est le talent, plus
ou moins heureux, avec lequel ces dames
maintiennent la fraîcheur de leur teint; le
xviiie siècle, toujours égrillard, vantait le lys
et la rose de ses beautés célèbres. Eh bien, je
parie que nous faisons mieux, oh! mais là,
incomparablement mieux. Boucher, Watteau
n'ont pas ce fini; considérez-moi ces joues,
ces cils, ces lèvres; la nature n'a pas de ces
perfections-là. C'est que la nature n'y est pour
rien. L'art a tout fait. Je veux bien vous le
dire, ce ne sont pas là de vrais visages, mais

ce sont d'admirables pastels. Regardez, mais n'y touchez pas, comme disait une aimable romance; je regarde, quant à moi, et je passe; un vermouth, d'ailleurs. attend ces dames, qui attendent un galant pour le payer.

Nous avons passé, c'est bien; et sans nous retourner, c'est mieux; mais d'où vient qu'à côtoyer ce pays de sirènes, vous éprouviez une vague tristesse, de l'ennui d'abord et bien vite du dégoût? Cette exposition permanente finit par vous donner sur les nerfs; notez, en somme, qu'elle exclut de la voie commune nos filles et nos femmes, à moins que nous ne soyons là; et volontiers, si nous sommes là, n'est-ce pas pour leur faire faire un détour, un long détour, afin d'épargner aux unes un mauvais spectacle, aux autres des curiosités malsaines ou des questions indiscrètes? J'accorde qu'il ne faut pas se faire rigoriste parce qu'on se fait vieux; à la bonne heure! Mais faut-il, en retour, pousser la faiblesse jusqu'à l'indifférence, jusqu'à la lâcheté, et tolérer que le vice empiète sur l'honnêteté et prive d'un droit ou seulement d'un légitime plaisir, les mères de familles? La liberté n'est plus la liberté, si le droit que vous constituez aux petites dames, de se promener où bon leur semble et comme bon leur semble, contraint les honnêtes femmes à s'enfermer chez elles, ou les proscrit de certains quartiers.

Dirai-je qu'il y a un pire inconvénient? On n'est pas libre de garder toujours la maison; et puis encore, ce vice qui s'étale au boulevard, n'a point de domaine circonscrit; il est un peu partout, dans toutes les rues avoisinantes; il gagne les hauteurs de Montmartre, il se promène aux Champs-Elysées; et bon gré mal gré, il faut qu'on le rencontre. On le rencontre donc; la première fois il choque; la seconde, il étonne; la troisième, il.... n'étonne plus; je ne veux pas dire que l'esprit se laisse prendre, je dis simplement que la vue se familiarise et que c'est là un grand mal. Je n'en veux ni dix preuves, ni vingt exemples: je m'en tiens à cette observation très générale, et par où je conclus: Qui fait la mode à Paris? Qui donne le ton? Je le sais bien, et voilà pourquoi je ne le dis pas

XII.

Les Théâtres.

Il est bien difficile de quitter le boulevard sans entrer au théâtre : Allons donc au théâtre ! Fort bien ; mais, où ? La Commune, la bonne Commune qui a touché à tout et partout étendu sa main bienfaisante, a détruit le théâtre Lyrique et brûlé la Porte Saint-Martin ; voilà donc déjà notre choix simplifié. Il reste tant d'autres spectacles ! L'Odéon est bien un peu détérioré, mais en pleine réparation, et, dans quelques semaines, on y applaudira Edouard Cadol. Enfin, nous avons l'Opéra, l'Opéra-Comique, les Français, le Gymnase, les Variétés, le Vaudeville, le Palais-Royal, les Folies - Dramatiques, Beaumarchais et, le reste.

Bon ! puisqu'on n'y exécute pas la musique du prince Poniatowski — un bien grand nom pour faire de la mauvaise musique — allons à l'Opéra. Heureux Opéra d'avoir tra-

versé les deux siéges sans plus de dommage!
Malheureux Opéra! il a subi, bien au contraire, le pire des dommages; il a perdu ses
artistes! Lisez l'affiche; plus de noms en
vedette : le gros Villaret pour ténor; Belval
passant à l'état de renommée; plus de
Miolan, plus de Nillson: plus de Faure! Je
n'aime pas les cénotaphes. Passons!

Allons à l'Opéra-Comique! Hélas! encore
hélas! Le théâtre n'a pas survécu au maître;
l'instrument s'est brisé en tombant des mains
de l'artiste, que la mort a glacées; Auber
n'est plus! Lui aussi, la Commune l'a tué:
elle ne l'a pas fusillé, sans doute, mais elle
lui a ravi le charme qui entretenait son
éternelle jeunesse; elle a vociféré, glapi,
hurlé à ces oreilles délicates; elle a répandu
la terreur ignoble au pays des plaisirs décents;
au Paris des enivrements, elle a substitué le
Paris de la crapule; elle a tué, elle a brûlé,
elle a flétri et déshonoré Paris! Auber s'est
aperçu qu'il était vieux, il a compris que la
jeunesse ne reviendrait pas;

Plus d'amour ; partant, plus de joie,

et il est mort! son *premier jour de malheur*

a été le dernier jour de sa vie. Comment l'Opéra-Comique pouvait-il résister à cette douleur? Il n'y a pas résisté; il est mort avec Auber... mais l'âme est immortelle; attendons, et sachons espérer.

Nous sommes tout près du Vaudeville : essayons du Vaudeville! Il est à vendre et ne trouve pas beaucoup d'acheteurs; le dernier directeur s'y est à peu près ruiné, et il a ruiné son propriétaire; je veux dire qu'il ne l'a pas payé; car le propriétaire est riche, c'est la ville de Paris. Oh! la jolie scène et la jolie salle; tout en est élégant, confortable; le foyer un peu étroit et l'escalier qui y mène un peu contourné; à cela près, une charmante bonbonnière, de belle dimension ! A la bonne heure; c'est fort bien que le théâtre soit élégant et confortable; qu'on n'étouffe pas en été, qu'on ne gèle pas en hiver; qu'on soit bien assis; qu'on ne soit ni bousculé ni foulé; c'est très bien; mais il y a autre chose à demander au théâtre : une troupe, et des comédies. Or, à l'exception de Brindeau, qui n'est plus tout jeune, et de Mlle Fargueil, qu'un remarquable talent ne

sauve pas des atteintes de l'âge, cherchez!
vous ne trouverez pas. Quant aux pièces,
elles sont bien faibles ou elles sont bien
vieilles : autre faiblesse, autre genre de
chûte. J'ai revu là *Nos intimes* ; les quatre
actes de M. Sardou m'ont paru d'une longueur insupportable; c'est ingénieux et en-
nuyeux en définitive; c'est de la ficelle,
comme on dit en termes de coulisse, ce n'est
pas de l'art; Sardou est un prestidigitateur,
mais un auteur, non pas : Il y a plus d'observation et de vérité, plus d'esprit juste et de
bon sens dans un acte de Lambert Thiboust
que dans toutes les élucubrations de Sardou:
son théâtre est un trompe-l'œil; quand il
aura épuisé tous ses *trucs*, ce sera fait de
lui: le moraliste et l'écrivain n'auront pas
fait un pas.

Alors le Gymnase! Bien vieilli aussi, celui-
là ; bien mort, depuis que Rose-Chéri n'y est
plus. Toute sa troupe dispersée à Londres, à
Saint-Pétersbourg; ses auteurs incertains et
mal assurés, depuis Meilhac et Halévy, qui
ont eu leur éclat avec *Froufrou*, jusqu'à
Dumas qui n'a jamais retrouvé sa veine du

Demi-monde et de *Diane de Lys*. Que ceux-là
manquent ou qu'ils se taisent, comme au_
jourd'hui, sous le coup des douleurs publiques
ou d'un grand deuil de famille, c'en est fait
du théâtre. Ici, comme là-bas, il faut attendre
et espérer.

Passons! Les Variétés et le Palais-Royal
nous dédommageront amplement : c'est là
qu'on s'amuse! c'est là qu'on rit à gorge dé-
ployée! Rire, s'amuser, qui donc en a envie?
La gaîté n'est-elle point malsaine et malhon-
nête, au milieu de tant de ruines et parmi tant
d'infortunes? Le rire n'est-il pas convulsif et
funèbre, au lendemain de ces sanglantes
bacchanales? Qui donc oserait rire? Quel
cœur assez léger....? Ah! le maudit mot qui a
perdu un homme avant de perdre la France!
Non, non, il n'est pas temps encore de retourner aux théâtres de genre, sans compter
ceci : que les théâtres de genre ont peut-être
fait leur temps; et je l'espère. Car leur genre
était du bien mauvais genre, et tout l'esprit
(on en avait) qui s'est dépensé sous l'empire
est, ou a été de l'esprit bien perdu. Que
voyait-on là, en somme? Ce qu'on voit gratis

sur le boulevard à l'heure mystérieuse, dont je parlais hier ; ni plus, ni moins. Dix ou douze jeunes femmes, à peu près habillées, viennent chanter les rondes à la mode et exécuter les danses les plus excentriques, pour reparaître, au second tableau, un peu plus court vêtues et chanter des refrains plus lestes que les premiers. Et, ainsi, jusqu'au dix ou douzième tableau. Quant à la partie chorégraphique, elle consiste à lever la jambe le plus haut possible de manière à figurer un compas grand ouvert, aux yeux de l'orchestre épanoui. Joignez à cela quelques plats calembourgs, des mots aussi peu couverts que celles qui les débitent, des plaisanteries au gros sel, beaucoup d'argot avec les intonations voulues et les gestes explicatifs, et voilà les théâtres de genre !

En vérité, c'est à se demander si le public n'est pas plus blâmable de tolérer de pareilles inepties que les auteurs ne sont effrontés d'oser les lui offrir. Et dire que ces théâtres-là faisaient salle comble et qu'ils sont encore les plus courus ! Dire que Dupuis, avec ses grimaces, est devenu un grand artiste, et que

8

l'excellent Geoffroy, un grand et sérieux talent, en arrive à jouer les pîtres! Non, en bonne foi, pour goûter du plaisir à ces spectacles-là, je ne comprends plus qu'un public de sourds-muets, friands de nudités. J'y suis allé, pourtant, j'y suis retourné (tant est grande la force de l'habitude!) le jour même où le 3ᵉ conseil de guerre condamnait à mort Ferré et Lullier. La nouvelle arrivait aux Variétés entre le second et le troisième acte des Brigands : charmante disposition d'esprit pour goûter les lazzis de Kopp ou les fantaisies d'Offenbach! Ces pauvres brigands ridicules avaient terriblement tort, au point de vue de l'intérêt, devant ces autres brigands forcenés. Parlez donc après cela des Folies-Dramatiques ou des Délassements-Comiques : si peu comiques, ceux-ci! celles-là, si peu dramatiques! Le petit Faust est, cependant, bien amusant : Hervé est, certainement, un délicat; pourquoi dépenser tant de talent au service de Mᵐᵉ Blanche d'Antigny, un vieux reste de beauté commune, sans voix quand elle chante, sans esprit quand elle parle? Tristes théâtres, qui ne diffèrent

des autres que par ces quelques traits : Les
salles sont plus petites, les siéges moins
commodes, et le prix des places moins élevé.
Voilà pour le public. De l'autre côté de la
rampe, moins de diamants, moins de jeunesse ; aussi peu de gaz et de vertu. Aux
Variétés, les dames de l'avant-scène mangent
des fruits glacés ; aux Folies, elles croquent
du sucre d'orge à l'absinthe. Beaumarchais
s'essaie au vieux mélodrame ; c'est tout ce
que j'en sais et tout ce que j'en veux savoir.

Mais ne voilà-t-il pas que j'ai oublié la
Gaîté et le Châtelet? Je n'ai jamais su au
juste pourquoi la Gaîté avait des habitudes
si lugubres avec un nom si jovial : figurez-
vous un croque-mort enguirlandé de roses!
La Gaîté m'a toujours semblé effroyablement
triste ou mortellement ennuyeuse : je pourrais remplacer ou par et. Avez-vous vu l'une
des féeries de la Gaîté? Est-il possible de rêver
quelque chose de plus inepte, de plus bête,
de plus monstrueusement stupide? Il faut
entendre ces choses-là et les voir pour y
croire. S'il est un signe certain de décadence,
c'est bien que de telles sottises recrutent un

public et se soutiennent pendant des mois et des années. On peut y être pris une fois; la récidive serait un complet aveu d'imbécillité. Et les drames donc! Ah! l'on parle d'une censure; quand y aura-t-il une censure des censeurs? *Le Courrier de Lyon*, par exemple, l'histoire de cet infortuné Lesurques, qui fut la victime de la justice avant de l'être du mélodrame... Connaissez-vous rien de plus lamentable que ces cinq actes? Et c'est un des bons drames de la Gaîté : les autres tendent tous à prouver plus ou moins que la société est mal faite, que les gueux sont les gens vertueux, que les chiffonniers sont les seuls citoyens capables de relever la société et que les pétroleuses sont des rosières qu'on ne saurait assez estimer. Cela abuse les sots, qui sont en majorité, et ennuie les honnêtes gens, pour qui on pourrait bien avoir quelques égards. La Gaîté vaut le Châtelet, le Châtelet vaut la Gaîté, et je me sauve.

Ah! que j'aimerais mieux avoir fait *Tartufe* ou *Le Misanthrope* que *Le Courrier de Lyon* ou *La Biche au bois*, en dépit du succès continu de ces deux chefs-d'œuvre! On

aura beau faire et beau dire, c'est toujours là
qu'il en faudra revenir, à ce grand, à ce glorieux Théâtre-Français, au théâtre de Cor-
neille. de Racine et de Molière. Allez à la
Comédie-Française et retournez-y! On joue
Molière, tant mieux! Et Molière encore....,
tant mieux toujours! Œuvres immor.elles.
celles-là, interprétées par les premiers artistes
du monde! Allez à la Comédie-Française!
Plutôt que ces turlupinades grotesques, plutôt que ces aberrations funèbres ou sanglantes, allez voir ces farces sérieuses qui
amusaient nos pères, entendre ces franches
et honnêtes crudités qui ne choqueront jamais que les prudes ou les bégueules! Ni le
cœur ne sera dupé, ni l'esprit ne sera trom-
pé, ni le sens moral ne sera froissé par ces
hautes études ; nous ne sommes pas des Anglais pour être choqués d'une hardiesse de
langue qui n'est peut-être même hardiesse
qu'en raison de notre pusillanime prud'ho-
mie. Nous sommes Gaulois, cordieu, fils de
ces Gaulois qui, plus soucieux du fond que
de la forme, des mœurs que du langage, de
l'action honnête que de l'expression fami-

lière, parlaient juste, vivaient bien, et nous transmettaient un parfait exemple de sagesse et de gaîté, de franchise et de raison.

Ce ne sont pas, j'en réponds, ces glorieuses traditions qui ont précipité l'esprit français où nous l'avons vu tomber; je dirai plus : sans ces traditions, sans cette bienfaisante influence du grand art, je ne sais pas où nous serions allés, et dans quels misérables bas-fonds se traînerait, se vautrerait aujourd'hui cette prétendue gaîté française, qui n'était plus que le dévergondage et la débauche. Le Parisien, vivant continuement à Paris, ne sentait pas monter ce flot fangeux; mais le Parisien qui s'en retournait de loin en loin dans sa vieille patrie, qui y retournait avec ses habitudes plus sages de la province, ses goûts plus sains et son respect des bienséances, celui-là ne pouvait que s'étonner, s'irriter, s'attrister de ce débordement des mauvaises mœurs et du mauvais langage. Les étrangers s'amusaient et ne se souciaient pas davantage de cette décadence; l'homme de cœur en était frappé. Il riait quelquefois. mais comme par instinct, se rappelant que le

Palais-Royal était autrefois le théâtre du bon gros rire; mais, en réalité, il se couchait mécontent de sa soirée et trouvait qu'il avait mal dépensé son argent. Quand il avait vu, il y a vingt ou trente ans, *Les premières armes de Richelieu* ou *Le vicomte de Létorières*, quand il avait applaudi Déjazet, Leménil, Derval, Sainville, Levassor, il emportait une bonne impression du spectacle; il avait bien employé sa soirée; quand il a vu aujourd'hui *La Mariée du Mardi-Gras* ou *Le Carnaval d'un merle blanc* — je prends les chefs-d'œuvre du genre — je me demande ce qui lui reste de ces turpitudes, sinon le dégoût? Heureux encore ceux qui sont assez sages pour être dégoûtés et pour déplorer cette déchéance de l'esprit français !

L'histoire sera bien curieuse un jour — elle n'est pas encore à faire — de cette littérature du second empire. Que dira t-elle de ces grands succès de la féerie ou de l'opéra-bouffe? de *La Biche au bois* et de *La Grande-Duchesse?* Que dira-t-elle de cet éternel personnage pris et repris, célébré sous tous les noms et reproduit dans toutes les formes, de

La Dame aux camélias? La vertueuse Madame Aubray, que faisait-elle toute la première que patauger dans les amours coupables et relever les anges déchus? Si comme on l'a dit, la littérature dramatique est l'expression même de la société, que pensera-t on dans cinquante ans d'une société qui se composait de chevaliers d'industrie et de femmes perdues? Ni plus ni moins : Augier tend la main à Dumas fils, et son baron d'Estrigaud peut parfaitement épouser la baronne d'Ange. Je ne reviens pas, quand il faut conclure, sur ces étranges folies d'*Orphée aux enfers*, de *Barbe-bleue*, de *L'Œil crevé*; mais quelle imagination s'en faire? Et, quand on y pense de sang-froid, comment avouer qu'on a applaudi ces balivernes et encouragé ces extravagances? Serait-il donc vrai à la lettre ce vers de Gilbert, que ma mémoire évoquait l'autre jour?

Et la chute du goût suit la perte des mœurs.

Ah! s'il est vrai, travaillons à épurer nos mœurs pour relever notre goût! Défendons à notre goût d'aider à la décadence du siècle!

XIII.

Les jardins publics.

Un peu d'air et de soleil fait grand bien au lendemain d'une longue veillée où l'on s'est étouffé avec deux mille personnes dans une atmosphère de gaz et d'huile à quinquet. Voilà pourquoi je m'en vais aujourd'hui respirer, de bon matin, l'air du Luxembourg. Quand on a passé douze jours à s'affliger devant des ruines, on est sous l'influence d'une impression très pénible, et qui est celle-ci : On se demande si l'on n'a pas épuisé les émotions douloureuses, et si de nouvelles tristesses ne nous attendent pas au sortir de tant de douleurs. C'est l'inquiétude incessante, un ver rongeur qui vous tient au cœur, et, si j'ose le dire, à l'âme, corrompant et détruisant les plaisirs les plus innocents, et les joies les plus pures. Retrouverai - je mon ami ? N'aura-t-il point souffert ? Ces lieux pleins des meilleurs souvenirs de ma jeunesse,

vais - je les revoir? me reconnaîtront-ils?
Voici ma rue, ma maison, mon vieux jardin
accoutumé! Jusqu'où la guerre a - t - elle
épargné tout cela? Heureux, ceux que le
matin réveille sans leur poser ces tristes
questions, sans leur montrer à l'horizon ces
points noirs....!

L'aspect de la rue de Tournon n'a pas
trop changé; voici bien le Luxembourg! Peu
de calèches, aussi peu que de sénateurs; à
part cela, je retrouve mon vieux Palais :
seulement, où il y avait écrit « Sénat, » en
belles lettres d'or, je lis : « Préfecture de la
Seine; » où les murs étaient purs de toute
inscription, je lis ce que je lis à tout bout de
rue : « Liberté! Egalité! Fraternité! » Si la
devise républicaine n'entre pas dans tous les
cœurs, ce n'est pas faute de frapper tous les
yeux : C'en est agaçant au suprême degré!
Je tourne à gauche par la rue de Vaugirard,
et j'entre dans le jardin, où je fis mes premiers pas en 1829. Ce n'est pas de si loin
que j'ai la prétention de me souvenir; c'est
de là, du moins, que doit dater ma vieille et
fidèle reconnaissance.

Le jardin se présente bien, tout comme autrefois, à ce qu'il me semble. Voici, à ganche, au bout de l'allée des platanes, qui se mirent toujours dans l'eau, voici la belle fontaine rustique, construite par Jacques de Brosse; je la préfère au jardin anglais qui longe la rue de Médicis et s'harmonise si peu avec le style du Palais. Cette rue de Médicis a été fatale au jardin; elle lui a coupé ses vieux arbres, entamé sa belle terrasse du levant; tout l'art du monde ne vaut pas la nature; les travaux de nivellement ont tout renouvelé et pas mal détruit : ce pauvre jardin qui s'épanouissait si librement, a l'air d'étouffer dans ses grilles nouvelles : comme ces lions du Jardin - des - Plantes, qui pleurent leur désert et dorment pour y rêver encore.

Et là-bas, du côté de l'Observatoire, et par ici, du côté de la Pépinière; ah! bon Dieu, qu'ont-ils fait de mon pauvre jardin? Ce n'est plus lui, ce n'est plus rien : Ils ont coupé cette superbe allée de marronniers qui s'allongeait si majestueusement du grand bassin jusqu'à l'Observatoire; ils ont taillé dans

cette pauvre Pépinière, si chère aux promeneurs, si précieuse pour la science ; ils l'ont
livrée à la spéculation qui n'en a pas voulu:
C'est-à-dire qu'ils ont détruit pour rien et
sans profit pour personne. Ainsi, du côté du
couchant, où il y avait aussi de si beaux platanes, ils ont percé une rue en prolongement
de la rue Bonaparte ; car elle n'est pas encore
débaptisée. cette rue, qui se serait peut-être
appelée rue Paschal Grousset, sans notre
brave et fidèle armée.... Qu'importe cela? Le
Luxembourg est là, qui me retient et m'attriste. C'est qu'il est tout triste lui-même;
comme si on l'avait frappé au cœur ; il est
malade, très malade. mourant, et quasi mort.
Les nouveaux arbres y viennent mal ; les
beaux vieux marronniers se rabougrissent;
ils étaient tout jaunes au mois d'août et
laissaient tomber leurs feuilles. Les parterres se défendent et fleurissent encore à
force de soins et de jardiniers ; mais le vrai
jardin n'est plus, le Luxembourg est mort !
Et, voyez. quand j'y suis retourné, certaine
après-midi, que j'avais promis Guignol à Mlle
Charlotte, ma nièce, il était tout désert, ce

bon jardin où j'avais joué, enfant; où mes enfants avaient joué : plus d'ombrage, là où le soleil ne pénétrait pas autrefois ; personne! Non pas précisément personne : Quelques bonnes égarées dans ce désert, à la recherche d'un pays; quelques vieillards grelottant en pleine canicule: voilà tout le personnel de la vieille terrasse! vers la rue Soufflot, quelques groupes d'enfants et quelques jeunes mères s'ingéniant à trouver de l'ombre pour leur enfant, et tournant avec le soleil à l'entour des arbres un peu touffus. Désillusion, clabauderie de vieillard, dira-t-on peut-être: non, vraiment ; tristesse sincère e' fondée; tristesse entée sur d'autres tristesses, mais où l'âge n'est pour rien !

Ne se pourrait-il pas, vraiment, que les choses eussent une âme? Sans doute qu'on m'a donné de bonnes raisons matérielles du dépérissement de la végétation; mais on dirait qu'ils font plus que dépérir de fait, ces arbres, qu'ils meurent de tristesse. Avez-vous passé depuis longtemps par le jardin du Palais-Royal? Allez-y donc, et vous m'en direz des nouvelles : si, au lieu d'être en octobre

1871, nous étions en juillet 1789, nous ne pourrions pas cueillir aux tilleuls du jardin, ce signe de ralliement de la Révolution qui, le 14 juillet, attaquait et renversait la Bastille ; aujourd'hui les feuilles repoussent jaunes et mourantes, quand elles repoussent. Je n'ai pas la moindre envie de refaire l'histoire du Palais-Royal ; mais à ceux qui en seraient curieux, je recommande le *Paris-guide*, que l'éditeur Lacroix imagina l'année de l'exposition pour les étrangers, et qu'il publia, avec un an de retard, en 1868 : ils y liront, à propos du Palais-Royal, un excellent article de Villemot. Que la physionomie du jardin a changé dans ces trois années ! presque autant que celle du Palais, qui n'est plus que cendres ! Jardin, galeries, tout a été atteint, frappé. Ce Palais-Royal qui fut, à une certaine heure du siècle, le rendez-vous du monde entier, n'est plus qu'un passage, une voie de communication, où l'on s'arrête à peine pour dîner, quand on dîne à bon marché. Le café de la Rotonde a perdu sa grande clientèle ; si le fameux « Boum ! » y retentissait encore, il ferait l'effet du canon dans le désert, et les boutiques se fermeraient comme au temps de la révolution.

Les Tuileries sont près, heureusement. C'est vrai; mais le jardin n'est pas moins désert, et les arbres ont souffert là aussi. Ils ont rôti, d'abord, et senti de si près le pétrole qu'ils en ont changé de couleur; et puis, à ce qu'on m'a dit, et à ce que je crois sans peine, les conduites de gaz répandent sous terre des miasmes peu favorables à la végétation. Si l'arbre du 4 septembre, un arbre que j'invente, pousse à l'avenir une seconde feuillée, je crains bien que le marronnier du 21 mars n'ait plus de ces fleurs précoces qu'on montrait avec complaisance au prince impérial.

Les temps sont bien changés, — et les arbres aussi!

Les Tuileries en portent la marque, le palais et le jardin, dont l'aspect surtout m'intéresse. Je l'ai vu si florissant, si verdissant, ce beau jardin; si animé en semaine et si joyeux le dimanche! Vous rappelez-vous l'Ecole des Vieillards et la colère de Talma-Danville allant chercher sa femme aux

Tuileries et ne pouvant arriver jusqu'à
elle?

J'entre ; un pareil délire à de quoi m'étonner:
Dans un jardin immense on peut se promener,
On ne suit qu'une allée, une seule, et laquelle?
J'en ai bien comp é dix, dont la moin tre plus belle.
Mais personne n'y va ; non : Pari tout entier
Vient s'entasser en long dans un petit sentier.
Quelle foule ! on s'étouffe, et là, je vois Hortense,
A travers un rempart qui me tient à distance ;
Et sans artillerie on n'aurait pu percer
Ce cortége autour d'elle ardent à s'amasser,
Je marchais, j'enrageais!....

C'était le bon temps, un temps qui dura
dix-huit années, dix-huit années de paix, de
vraie gloire et de vraie liberté. Rien de faux
ni d'artificiel: la vertu régnait sur le trône
de France, et jusqu'à nos jardins poussaient,
croissaient et fleurissaient en liberté : l'empire n'a été favorable ni à l'homme ni à la
nature, et les Tuileries ont payé comme
nous.

Les Champs-Elysées ont, je crois, le moins
souffert de leur transformation. Certes, ils
ont changé depuis le temps où le Maître d'é-
cole y exerçait ses atroces vengeances; où le

prince Rodolphe de Gerolstein y pratiquait sa terrible justice, tout en cherchant Fleur-de-Marie, sa fille : Ce sont changements dont il ne faut pas se plaindre ; car, ici, la vie a remplacé la mort, soit dit sans allusion aux héros des *Mystères de Paris*. De beaux édifices se sont construits ; de larges avenues se sont peuplées de magnifiques hôtels, et les Champs-Elysées n'ont rien fait qu'y gagner encore et toujours. Il faut même féliciter la ville de Paris d'y avoir planté ces Rhododendrons, ces Azalées, ces Houx que nous envie presque aujourd'hui la Hollande qui nous les a fournis. Ces massifs, d'ailleurs, sont d'un très heureux effet à côté de ces grandes plantations en ligne droite que l'âge ni le gaz n'ont pas encore trop atteintes. Et puis, les cafés-concerts, les théâtres enfantins, le panorama, le cirque d'été, les restaurants, tout cela s'harmonise heureusement : Jardin de plaisir encadrant des lieux de plaisir..... si seulement....

Je devrais m'arrêter, je l'avoue ; mais quand j'ai quelque chose sur le cœur, il ne faut pas que ce quelque chose y reste, et je

9

repars. Oui, ces Champs-Elysées sont fort
beaux, mais ils sont par trop mal hantés :
Voilà le mot lâché! Je ne consentirai jamais
que le haut du pavé appartienne.... à l'industrie du trottoir. C'est un vieux tort que
celui-là, un tort que je me garderai bien
d'imputer au seul présent; mais encore, si le
présent est le progrès, pourquoi n'a-t-il pas
raison d'un abus qui est une offense à la
morale, et une atteinte à l'honnêteté? Je
connais, air et paroles, la vieille chanson qui
dit : « Faut d'la vertu, pas trop n'en faut; »
d'accord; mais je dirai à mon tour : « Du
vice non plus, pas trop ne faut. » Et, dame,
vous le voyez qui s'étale avec une rare ef-
fronterie et un débordement bien déplorable
de la place Louis XV à la barrière de l'E-
toile.

Le concert Musard lui ferme ses portes, et
fait bien; mais voyez-vous comme il rôde
aux alentours; comme il épie l'entrée et la
sortie: comme il est provocant de jour, et
hardi à la brune? Mabile ne lui suffit pas;
ses jardins réservés ne le contiennent plus;
il lui faut la grande voie, les allées et les

contre-allées, le grand espace et l'air libre,
qu'il empoisonne de musc. Je me suis laissé
dire que le gouvernement de la Défense
nationale avait débarrassé le pavé de ces
promeneuses importunes; hélas, mon Dieu,
s'il y en a beaucoup moins maintenant,
combien donc y en avait-il alors? Les nuées
de sauterelles ne sont rien auprès de ce
fourmillement, et j'ai dit l'autre jour ce que
je pensais de ces rencontres. Tant de ventes
sont interdites sur la voie publique; d'où
vient que le pire commerce y soit toléré?

En fin de compte, quel sera bientôt le re-
fuge des femmes honnêtes? Le Jardin-des-
Plantes : il n'est pas des plus agréables,
non, et il est loin de tout, à l'extrémité même
du vieux Paris, entre la Halle-aux-Vins, dont
il reçoit quelques émanations *sui generis*,
et la Salpêtrière, dont il emprunte la gaîté.
C'est là que la mère de famille trouvera son
meilleur divertissement, instruisant sa fille
dans la botanique médicale et pharmaceu-
tique, ou dans la zoologie; elle donnera un
jour aux quadrupèdes, un autre aux reptiles,
un autre aux oiseaux, en ayant soin de ne

pas trop s'arrêter devant la rotonde des singes, qui sont les plus effrontés des animaux et qui manquent absolument de pudeur et de savoir vivre. L'Ours - Martin, quoique sensiblement démodé, aura aussi son tour ou son jour; et cette douce récréation suffira, si possible, à ces jeunes cœurs et à ces jeunes esprits.... que dis-je, mon Dieu? Ce Jardin-des-Plantes, il fut de tout temps, pour moi, l'horreur et l'ennui; ses abords me sont odieux; ses arbres à science, avec leur étiquette latine, m'attristent et m'assomment; ses lions en cage, endormis et pleurnicheurs; ses lions abrutis, qui m'accusent de lâcheté et de barbarie, m'agacent au-delà de toute expression; il n'est pas jusqu'aux promeneurs qui ne me portent sur les nerfs : des étrangers, leur guide à la main; des militaires en gants blancs, et tous les petits rentiers et toutes les vieilles rentières du quartier Saint-Victor. Voilà mes sentiments vrais, sur ce malheureux Jardin-des-Plantes; je ne veux surprendre personne en l'y conduisant, et je veux surtout bien établir à quel triste sort on expose, on réduit nos chères et braves femmes.

Vous me direz qu'il y a encore le Jardin-des-Invalides.... c'est vrai; mais j'aime autant pour ma part la déportation dans une enceinte fortifiée. Les goûts sont libres; ce n'est pas comme les jardins publics.

XIV.

Appartements à louer.

Deux choses m'ont singulièrement frappé à Paris : ç'à été de voir toutes les maisons avec un écriteau et tous les hommes avec le ruban rouge : J'étais quasiment honteux à la fin d'avoir un appartement et de n'avoir pas la décoration. Et cependant M. Gambetta, pour premier acte de sa dictature, avait édicté que la croix d'honneur, qu'il n'a pas, personne ne l'aurait que les militaires ! D'où vient donc cette profusion; cette procession de légionnaires? Aurait-on décoré toute la garde nationale juste à l'heure où tout le monde était soldat? J'en suis encore tout intrigué.

Je suis encore tout étonné aussi, et bien attristé de voir la solitude qui s'est faite si vite à Paris. Appartement à louer! logement à louer! chambre de garçon à louer! il semble que les trois quarts de la ville soient

déserts : c'est là une impression horrible-
ment pénible; et comme elle est incessante,
on juge s'il y a plaisir à battre pour affaires
le pavé de la capitale. Et ce n'est pas ici ou
là que le vide s'est fait; ce n'est pas tel ou
tel voisinage dangereux qui a provoqué ou
nécessité ces départs; les quartiers les mieux
hantés, les quartiers les plus pacifiques, le
boulevard Malesherbes et la rue Vivienne, et
la rue Saint-Denis présentent le même phé-
nomène, parlons plus simplement, les mêmes
écriteaux. Je m'imagine que l'émigration de
1789 à 1790 ne produisit pas un plus grand
vide dans la vieille capitale.

J'ai vu des files de maisons où tout est à
louer, de la cave au grenier. Le boulevard de
Rennes, qui n'a pas encore pansé toutes ses
cicatrices du second siége, est un vrai désert.
Il est vrai qu'il y a bon nombre de campa-
gnards parmi les absents; mais les éloigne-
ments momentanés se devinent; il reste là
quelque chose de survivant et de vivant : un
volet demi fermé laisse apercevoir des ri-
deaux : très certainement ces absences sont
plus rares que les départs définitifs. Pour en

revenir à mon boulevard de Rennes qui me
conduisait si directement à la gare de l'Ouest
trois maisons sur quatre sont à vendre ou à
louer aux environs de la rue d'Assas. Je ne
sache rien de triste comme ce spectacle : une
ville moribonde est presque plus triste
qu'une ville morte. Et c'est bien là l'effet
produit par cet abandon contagieux de la
rue ou du quartier.

Sur ce, les gens en quête de logement se
frottent les mains et se félicitent d'avoir tant
de choix : Les propriétaires ne peuvent
manquer d'accueillir avec force politesses,
c'est-à-dire avec des offres de diminution
considérables, les malheureux dépossédés et
les pauvres exilés de la bataille. Grave erreur! Les propriétaires sont plus tenaces,
plus exigeants que jamais : Avec une seconde Commune, je crois qu'ils finiraient ou
qu'ils commenceraient par hausser leurs prix.
Le salon ayant été éventré par un obus, les
glaces brisées et les parquets brûlés, l'appartement qu'on avait loué jusqu'ici fr. 1,500
sera porté à fr. 2,000! Et le bon M. Vautour,
d'illustre mémoire, vous prouvera qu'ayant.

seul, de la maison. payé les frais de la guerre.
fait des dépenses insensées et des recettes
absolument nulles, il est dans le droit strict
en maintenant, en élevant ses prix, et que
lui, Vautour, serait un serin de déprécier
sa maison en la louant bon marché. Comme
raisonnement ça n'est pas trop bête; mais
comme application c'est tout bonnement in-
sensé. Je veux, dit notre homme, 12,000 fr.
de mon premier, rien de plus, rien de moins;
car il vaut fr. 12,000. — Fort bien; mais à
ce prix vous n'avez personne.

[demande;
Tant mieux, morbleu, tant mieux ; c'est ce que je
[grande.
Ce m'est un fort bon signe et ma joie en est

A la bonne heure donc ! seulement vous
auriez des locataires à fr. 8,000 ; et cette
somme vaut mieux, en espèces bien sonnan-
tes, que la plus riche espérance, qui ne se
réalisera jamais. — Affaire d'appréciation.—
soit. — à fr. 8,000, je perds 80,000 fr. sur la
vente. — Possible; mais vous ne vendez pas,
et vous vendez d'autant moins que vous avez

discrédité l'immeuble en exagérant sa plus value.

Mais je suis bien bon, vraiment, et bien naïf, simple flâneur que je suis, de me dépenser en conseils ou en lamentations au profit des propriétaires : j'aurais l'air tout à l'heure d'un propriétaire moi-même, en quête de son locataire principal. Hélas! je suis si désintéressé dans la question! Le mal n'est pas pour moi un dommage ; c'est une tristesse, mais vive, mais profonde et que j'ai traînée pendant bien des jours et dans bien des rues Ah! maudite, maudite guerre, as-tu fait du mal! et en feras-tu encore? Guerre stupide, qui dépeuples les villes et peuples les cimetières! Guerre cruelle, qui fais le vide partout où tu te montres! Guerre fatale, maudite et cruelle qui prouve tout uniment que

La raison du plus fort est toujours la meilleure ;

et que, quand on a beaucoup tué, tout tué sur le champ de bataille, on n'a fait encore que la moitié du mal. A l'heure qu'il est, tous ces écriteaux ont un sens précis : Appartement à louer se peut traduire de trois ou quatre manières : famille ruinée; enfants orphelins; veuve désolée; parents sans enfants! — Et Berlin a peut-être autant d'écriteaux que Paris! La gloire coûte cher, et les victoires désolent aussi bien des mères parmi les victorieux.

La décoration fait contraste : on ne rencontre que des braves, on ne coudoie que des grands hommes; on piétine sur des héros. C'est beaucoup en réalité, c'est trop. Pour ce qui est de moi, je suis heureux de voir tant d'heureux, et je voudrais qu'un décret permît à tous ceux qui désirent la croix d'en orner leur boutonnière. Les vrais mérites n'en seraient pas diminués; et les autres en auraient tant de plaisir! Cependant jusqu'à ce que ce décret soit rendu qui simplifierait tant de choses et couperait court à tant de vilaines petites intrigues, je souhaiterais, sinon qu'on donnât raison à l'arrêté Gambetta, du moins qu'on fît quelque réserve et qu'on mît quelque pudeur dans la collation des grades.

Voici une petite anecdote entre mille : Il

y avait à Paris un bataillon qui n'était pas des plus ardents à la bataille: qui ne réclamait pas énergiquement la première place au combat; il se tenait modestement à l'arrière-garde, et, pour finir, il ne vit jamais le feu. Voulut-on récompenser sa modestie ou lui rendre en honneur ce qu'on lui avait refusé en gloire? Le fait est qu'au jour solennel, à la distribution des prix, ledit bataillon obtint six nominations, six décorations, veux-je dire. Je dis six, faute d'oser affirmer que ce fut huit. Le chef de bataillon réunit donc son corps d'officiers, et dans un discours suffisamment ému, leur déclara qu'ils avaient bien mérité de la patrie, lui particulièrement : en foi de quoi, il se nommait chevalier de la Légion d'honneur. C'est la raison *quia nominor leo*, fort bien établie par la grammaire latine. Après lui, son capitaine d'armement lui parut le plus digne; après le capitaine d'armement... son embarras était si grand qu'il invita messieurs les officiers à s'arranger entre eux et à placer aussi bien que possible les quatre politesses restantes.

Le corps d'officiers applaudit; après quoi,

le capitaine d'armement demanda la parole
et tint à peu près ce langage : « Messieurs,
je vous suis on ne peut plus reconnaissant
des marques d'estime et de sympathie dont
je suis ici l'objet : me voilà amplement ré-
compensé du peu de peine que j'ai eue. Sans
doute, jai fait de mon mieux ; mais qu'est-ce
que cela au prix de ceux qui ont tant souffert et qui se sont si souvent exposés ? J'ai
rempli mon devoir, et rien de plus ; vous le
reconnaissez, et je vous en remercie ; mais
tenons-nous en là. Je tiens à mériter la
croix, et non à la porter ; n'ayant rien fait
pour l'obtenir, ne sachant pas même si j'en
aurais été digne, je ne me reconnais pas le
droit de l'accepter ; et tout en remerciant
mon commandant d'un tel honneur, je prie
ceux qui s'en jugeront plus dignes de poser
leur candidature. »

J'aurais le plus grand plaisir à nommer
l'orateur, qui est un élève presque sortant de
l'école polytechnique, s'il ne portait pas mon
nom et qu'il ne fût pas mon cousin. Mais ne
parlons pas de lui, parlons de la harangue :
vous figurez-vous l'effet produit ? Voyez-vous

d'ici les vexés, les maussades, les vaniteux percés à jour, les ambitieux contraints d'être modestes ? Et le commandant ne sachant s'il peut garder ou s'il doit ôter son ruban ? Et tous ces bons bourgeois déçus et déchus en un instant de leurs brillantes e-pérances, maudissant le désintéressement de leur jeune camarade et s'ingéniant à trouver une raison telle quelle de ne pas lacher les cinq brevets ? Inutile d'achever ; l'ambition est si spirituelle que les cinq décorations restèrent au bataillon, qui se signalera peut être un jour ou l'autre.

Je le répète, l'histoire est authentique, et n'est pas édifiante. Depuis que je pense, j'ai vu quatre gouvernements se succéder: ce que je regrette. Quand je commençais à penser (c'était le bon temps pour moi et pour tout le monde), je me rappelle fort bien qu'on criait au scandale à chaque promotion dans l'ordre de la Légion d'honneur. Tous les ministres, disait-on, étaient des vendus, et le roi Louis-Philippe, qu'on apprécie et qu'on regrette depuis juin 1848, spéculait honteusement sur la décoration: le ruban était un lien de servitude.

La République ne fut pas avare, quand ce
fut son tour de donner ; la distribution se fit
seulement au profit d'un autre public. Sur-
vint Napoléon, président, puis majesté ; et le
chœur des mécontents eut sujet de crier : ce
n'était plus une pluie, c'était une avalanche,
un déluge. — Passe-moi le medjidié, je te
donne la Légion d'honneur. — Ce n'était
pas plus difficile que cela. Tout ce qui touchait à la cour était décoré ; tout ce qui était
parent de ce qui touchait à la cour était décoré ; les amis des parents étaient décorés ;
et comme les amis de nos amis sont nos
amis, il se vendit du ruban rouge plus long
que d'ici à la planète de M. Leverrier, séna-
teur-commandeur. L'ennui était de postuler
et de contracter ainsi une petite dette de reconnaissance ; mais c'est si vite fait d'écrire
et l'on est si peu obligé ! Ah ! l'empire fit
bien les choses et le roi Louis-Philippe fut
singulièrement dépassé. La troisième République ne va pas mal à son tour et M. Thiers
n'a pas été sans générosité. Première conclusion : quand on n'est pas au pouvoir, on
blâme le gouvernement ; quand on y arrive,
on l'imite. Seconde conclusion....

La seconde conclusion est délicate; elle est
un remercîment et un vœu. Le remercîment
est simple et s'adresse à M. Thiers qui, si
justement, si dignement, si honorablement
pour sa reconnaissance et pour la nôtre,
nomma chevaliers de la Légion d'honneur
nos trois conseillers municipaux : Auguste
Dollfus, Lazare Lantz et Dujardin Certes,
voilà des choix à réconcilier les plus sévères
avec cet ordre, le plus honorable et le plus
enviable de tous, quand il est si bien mérité! Voilà des choix propres à relever une
distinction qu'avaient pu discréditer d'aveu-
gles profusions! Et, pour réfuter une idée
et un sentiment trop généralement répandus,
voilà des choix qui prouvent surabondam-
ment que la Légion d'honneur doit être l'ordre de tous, et non l'apanage de l'armée!
J'admire autant que personne la bravoure
militaire; mais je n'admire pas moins la
constance du dévouement et du courage civil.
Ceux qui enlèvent un drapeau sur le champ
de bataille sont des héros, s'ils ne sont pas
que des téméraires: Ceux qui défendent pied à
pied les intérêts de leurs concitoyens, qui

sacrifient leur popularité au bien public, qui
bataillent, eux aussi, avec des vainqueurs
impitoyables, pour l'honneur de leur ville;
ceux qui, pendant huit mois, jour et nuit,
tiennent bon sur une brèche où l'on risque
à tout instant sa liberté et quelquefois plus
que sa liberté, s'ils ne sont pas des héros,
sont de grands citoyens, dont il ne faut pas
attendre la mort pour reconnaître et hono_
rer les vertus patriotiques.

Et voici le vœu : M. Thiers, qui est juste
et sage; M. Thiers, qui aime cette Alsace si
française, pouvait, pourrait sans doute aujourd'hui encore, récompenser trois dévoue-
ments qui ne se sont pas épargnés : Alfred
Kœchlin-Schwartz, qui a si bien mérité de
tous; Nicolas Kœchlin, fils, qui, après avoir
montré tant d'énergie dans son commande-
ment, a déployé tant d'activité dans l'admi-
nistration des ambulances; Emile Delmas qui
s'est allé battre dans Paris assiégé, après
avoir fait le rude et charitable métier d'in-
firmier sur nos champs de bataille.

J'ai dit.

10

XV.

Le Parisien

Il y avait autrefois à Paris un auteur justement renommé et un acteur justement
célèbre : le premier s'appelait Bayard, et le
second Bouffé : l'écrivain a suivi de très
près dans la tombe son maître et ami Eug.
Scribe, qu'il avait parfois égalé, parfois dépassé dans le vaudeville ; l'artiste vit encore,
mais dans la retraite, attendant qu'on écrive
des pièces au lieu de faire des parades.

Or Bouffé, dont le talent était des plus
souples, ayant joué un jour le rôle de grand'
papa, voulut jouer un rôle de tout jeune homme ; et Bayard écrivit à son intention le Gamin
de Paris. Toute ma génération, et de plus
jeunes encore connaissent le Gamin de Paris;
pour les derniers venus, voici la pièce en
trois mots ou en trois phrases. Joseph Morin
est le fils d'un brave soldat tué sur les
champs de bataille, au temps où l'on capitu-

lait moins; élevé par sa grand'mère, qui ressemble à beaucoup de grand'mères, il est très flâneur, aimant mieux le spectacle que l'atelier, et la toupie que le travail; écoutant les conseils, mais oubliant de les suivre; jouant au bouchon le pain de la semaine, mais se jetant sans barguigner dans le canal pour sauver un enfant qui se noie; un peu mauvaise tête, enfin, mais excellent cœur. — Laissez-le grandir, (ceci n'est plus de la pièce; c'en est la déduction;) laissez-le grandir, et ce sera quelqu'un de ces brouillons qui acclament les utopies, quand elles ne sont pas des crimes; qui veulent le maintien de la garde nationale, à condition d'en prendre à leur aise et d'être exemptés des corvées, tout prêts, d'ailleurs, à se battre pour la bonne cause; qui aiment le nouveau et crient du même enthousiasme: Vive le Roi! Vive la République et Vive l'empereur! qui donnent volontiers des leçons au gouvernement avec le *Siècle ou le Rappel*; mais qui se modifient, se règlent, s'apaisent avec l'âge, et qui après avoir fait des révolutions pour leur compte veulent empêcher les autres d'en faire à leur tour.

Entre le gamin de Paris et le Parisien, la différence, hélas! n'est pas grande : affaire d'éducation; la forme varie, le fonds est un peu le même : le Parisien est d'essence gamine. Si l'on m'accuse d'être sévère, on ne m'accusera pas de n'être pas franc : je suis Parisien! Quand il coupait la queue à son chien, Alcibiade, qui n'est pas un type si commun ni tant à dédaigner, était un Parisien d'Athènes. Athènes! Paris! La comparaison jaillit comme un éclair ; écoutez Thucydide, le moins satirique des historiens :
« Les Athéniens sont grands faiseurs de
« nouveautés, également vifs à concevoir et
« à réaliser par l'exécution ce qu'ils ont
« conçu. Vainqueurs de leurs ennemis, ils
« vont à tout ; vaincus, ils s'abattent au der-
« nier degré; ils usent de leur corps au ser-
« vice public comme de la chose qui leur est
« le plus étrangère, et de leur esprit, comme
« d'une propriété qui appartient à la patrie
« et doit sans cesse être en action pour elle.
« N'emportent-ils pas ce qu'ils ont projeté?
« ils se croient dépouillés d'un bien à eux.
« Une fois maîtres de ce qu'ils poursuivent,

« ils en font peu de cas par comparaison aux
« chances à venir. Echouent-ils au contraire
« dans quelque entreprise, ils ont aussitôt
« rempli ce vide en se faisant une espérance
« inverse..... Ils jouissent peu des biens pré-
« sents, par cela qu'ils y voient possession
« toujours uniforme, et que pour eux il n'y
« a jour de fête que celui où ils achèvent
« une œuvre nouvelle, ne regardant pas la
« tranquillité sans trouble comme un moin-
« dre mal que l'agitation sans relâche, de
« sorte que si quelqu'un disait d'eux, en
« général, qu'ils sont mis au monde pour
« n'avoir jamais de repos et pour n'en lais-
« ser jamais aux autres hommes, il dirait
« juste. »

Puisque je suis dans le grec et dans les
citations, qu'on me permette d'y rester encore. Le Parisien n'a pas vieilli depuis 1789;
il a toujours l'âge de Camille Desmoulins, un
de ses types, et non pas le plus mauvais; le
Parisien est et sera toujours jeune : vingt-
cinq ans! Il ne peut pas arriver à la tren-
taine. Or voici ce qu'un Grec disait de la
jeunesse au roi Alexandre : « Les jeunes

« hommes sont d'humeur changeante et
« promptement dégoûtés dans leurs désirs;
« ils souhaitent fortement et se lassent bien-
« tôt. Leurs volontés sont vives; elles ne
« sont pas grandes: elles passent comme la
« soif et la faim des malades. Impétueux,
« ardents, emportés par leur fougue, ils ne se
« gouvernent point; passionnés pour ce qui
« honore, ils ne supportent pas d'être comp-
« tés pour rien, mais s'indignent s'ils se
« croient offensés; ils aiment les distinctions
« surtout celle de la victoire; car la jeunesse
« est jalouse de prééminences; et la victoire
« est une prééminence. Ils ressentent ces
« deux ambitions bien plus que la convoitise
« d'argent.... Ils vivent surtout dans l'avenir.
« L'espoir appartient à l'avenir: la souve-
« nance fait elle-même partie des choses
« passées. Or chez les jeunes gens l'avenir
« est vaste, le passé court..... Ils aiment mieux
« faire ce qui est beau que ce qui est utile;
« car ils vivent de sentiment plus que de
« raisonnement; or le raisonnement relève
« de l'intérêt: le sentiment ne relève que du
« beau moral. »

Il ne me resterait qu'une chose à faire, de signer cet article : Aristote et Thucydide; mais on n'a jamais la sagesse de s'arrêter au bon moment. Que pourrai-je ajouter, cependant, au portrait des jeunes gens et au portrait des Athéniens? ne se complètent-ils pas l'un l'autre? et du double type combiné ne voit-on pas ressortir l'exacte physionomie de nos Parisiens? Que d'incomparables qualités! Que de charmants défauts! Que de grâce dans cette légèreté! Mais que de périls aussi! Quelle aimable inconséquence, mais combien dangereuse! Quelle vivacité d'esprit! Avec un grain de bon sens, ces gens-là seraient parfaits. Mais ce grain, ce grain précieux, ce maudit grain....., les Anglais, hommes pratiques, nous l'ont subtilisé, ils l'ont semé et cultivé; il a levé, et les Anglais sont les Anglais : je ne leur en fais qu'à demi mon compliment.

Mais le Parisien, le vrai Parisien, il est artiste, il est soldat, il est philosophe; il a été tout simplement, tout naturellement admirable durant le siége de cinq mois; il s'est battu comme un héros, ce flâneur; ce raffi·

né, il a vécu plus mal qu'un trappiste. Pour sauver son honneur, il a tout souffert, et il n'a pas perdu un instant de sa belle humeur; tout autre peuple, y compris l'Anglais flegmatique, serait mort de chagrin ou de faim à sa place; le Parisien, selon le vieux mot, déjeunait d'une épigramme et dînait d'une chanson : il n'a pas été brave un jour, ce qui est peu; il a été brave cinq mois sans relâche et sans faiblesse : il a vengé Sedan d'une admirable façon! Pour l'abattre il n'a pas fallu moins que la défaite sans combat; alors son pauvre cœur s'est arrêté; sa tête s'est sentie lourde et faible à la fois; ses idées se sont assombries et brouillées; et, comme un homme ivre qui n'a plus conscience de ses actes, affolé de douleur, le Parisien s'est jeté, tête et cœur, dans la Commune sans soupçonner le guet-à-pens; il a pris la licence pour la liberté et les assassins pour des vengeurs. L'erreur lui a coûté cher; sera-t-il au moins corrigé? Je ne le pense pas; il faut bien des fautes et bien des repentirs pour former une expérience !

Voyez-le aussi bien dès à présent repren-

dre ses vieilles habitudes? *Panem et circen-*
ses! avec du gâteau et des nouveautés, vous
en aurez vite raison; il aime la politique
avec rage, et le journal qu'il achète encore le
plus, c'est le *Figaro* qui fait des cancans plus
que de la politique; il aurait massacré hier
tous les communeux; mais il envoie au conseil municipal le citoyen Ranc qui fut un
communeux; il ne parle de rien tant que de relever les arts et d'épurer les mœurs; mais
au théâtre il applaudit les drôlesses qu'il
salue en plein boulevard. Il fait une renommée à Mangin, le marchand de crayons; à
Pradier, le bâtonniste; à Thérésa et à Isa-
belle; à Chicard, qui dansait encore à Mabille
il y a quatre ans; au Persan, qui promène
son ennui du bois de Boulogne aux Italiens;
autrefois c'était Seymour, Romieu; M. Hope
et ses violettes; M. Delessert et son cheval
pie; ce sera demain, Dieu sait quoi : un ho-
chet quelconque, une célébrité de bon ou de
mauvais aloi, peut-être un grand homme,
peut-être un grotesque. Et comment, diantre,
aussi être un sérieux personnage dans cette
assemblée de fous? Comment garder son

sang-froid parmi toutes ces voluptés et toutes
ces ivresses? Paris est un grand enfant gâté
que depuis cinquante ans câline traîtreuse-
ment l'univers; on l'encense, on le flatte, on
lui tourne la tête. Citez-moi donc un grand
artiste qui soit reconnu grand artiste sans
que Paris l'ait consacré! Dites-moi donc quel
est le bijou de valeur qui n'ait pas la marque
de Paris! la mode quelle qu'elle soit, qui ne
vienne pas de Paris ou n'y ait point passé
avant de s'établir! J'ai envie de parler comme
M. Perron : « Le meilleur chocolat est le
chocolat de Perron. non. de Paris. » C'est ainsi,
et le Parisien peut bien s'affoler quelque peu
de ce qui affole le monde entier. Il a des ca-
prices; eh! qui n'en a pas? Avouez seulement que sa fantaisie est perpétuellement
surexcitée et servie par les traîtresses com-
plaisances de l'étranger. Et voilà comme l'enfant gâté ne vieillit pas, comment son éternelle jeunesse nourrit son éternelle impéni-
tence!

Nous comptons, d'ailleurs, sans la Parisienne, l'adorable mauvais génie du Parisien;
la Parisienne, la plus femme de toutes les

femmes, vraie fille d'Eve, nièce d'Aspasie et
de Cléopâtre : c'est effrayant le mal que j'en
pourrais dire ; et je le dirais imperturbable-
ment, convaincu que pas une ne renierait les
défauts pour les qualités, et rassuré par les
honorables exceptions qui prouvent la règle,
et qui foisonnent. La Parisienne, c'est le caprice ; elle a un culte , celui dont elle est l'i-
dole et la grande prêtresse, et jamais elle ne
manque au sacrifice ; non qu'elle soit sèche
ou qu'elle soit sotte : elle a le sentiment de sa
supériorité ; elle se trompe souvent, mais avec
une telle confiance, une telle désinvolture,
que sa royauté lui est à peine contestée et
qu'elle trône dans le succès

et par droit de conquête et par droit de naissance.

Quand elle a du mérite, elle en a supérieur-
rement ; quand elle a de la beauté, elle est
sans rivale ; quand elle est bête , elle n'est
point sotte, ce qui est avoir de l'esprit. Elle
s'habille à ravir ; elle se gante, elle se chausse
comme personne ; elle est née artiste sur ces
trois points. Je ne lui en fais pas un mérite,
je le constate. Mais sa fille , qui a cinq ans,

est sur cet article déjà femme comme sa mère ;
légères toutes deux, toutes deux charmantes.
Je connais, pour ma part, une mère qui a
passé quarante ans, comme moi, et qui est
bien plus jeune que ses deux filles qui n'en
ont pas vingt : toutes trois sont des plus aimables. La Parisienne n'apprend rien et sait
tout, comme les seigneurs de Louis XIV ;
elle sait ignorer ce qu'elle sait, savoir ce
qu'elle ignore ; elle est quelquefois vaine, elle
est toujours gracieuse ; la grâce et le charme,
voilà sa vraie force, et celle-là, irrésistible.
Un mot encore et un dernier trait au tableau : Quand la Parisienne se sera laissé
ravir ou surprendre quelques-uns de ses
titres, il est un avantage qu'elle conservera
toujours : l'art de paraître. Paraître ! — le second degré de la sagesse, — et l'esprit de
ceux qui en manquent !

Et, maintenant que j'ai dit, vivez en paix
vivez en joie, Parisiens et Parisiennes ! Avi-
sez seulement à ce que vos plaisirs ne soient
pas troublés si souvent ; prenez garde que le
volcan, sur lequel vous dansez, répande ses
torrents de lave et de flammes sur la France

entière et sur le monde ! Dansez et chantez ;
mais, entre les chants et les danses, jetez
dans le brasier menaçant un grain de votre
folie, une fleur de votre couronne, une larme
de votre jeunesse, — on pleure à tout âge
— l'abîme finira par se combler, la lave par
se refroidir : vous aurez quelques années de
plus, sans doute, mais aussi le bonheur sans
orage, la joie dans la sérénité ; et l'univers,
calmé, jouira en pleine sécurité de votre paix,
de votre esprit et de vos charmes.

Ainsi soit-il !

VXI

Quand on revient!

A ma nièce, Renée Portait.

Puisque c'est avec toi, et presque pour toi,
que j'ai si brusquement terminé mon voyage
de Paris, tu me permettras bien, ma chère
enfant, de finir ces lettres avec toi et par toi.
Aurais-tu regret, après m'avoir entraîné à
Genève, de m'accompagner dans cette bonne
et brave Alsace. qui fut aussi ta mère? Ne
voudras-tu pas revoir ces belles montagnes
des Vosges, et ce Tannenwald, où tu as laissé
tant de souvenirs et de sourires? Je te pose
une question, chère enfant, dont je sais la
réponse : Je connais trop ton cœur pour
mettre en doute un seul instant... eh quoi
donc? que tu aies plaisir à revenir, — non
pas, vraiment, mais que tu aies jamais quitté
en pensée cette patrie aimée, qui a été si
vaillante et qui est si malheureuse.

Oui, plus vaillante qu'on ne pourrait dire!

Plus malheureuse qu'on ne pourrait croire !
Sauvegarde de l'honneur français et rançon
de l'ineptie impériale? Mais à quoi bon re-
nouveler d'inutiles douleurs? Ton cœur, ô
chère enfant, n'est pas plus fait pour la vengeance que les yeux pour les larmes. Reve-
nons donc aux choses du voyage, et, puisque
le retour aura ses douleurs, tâchons de ne
pas arriver avant d'être partis.

Hélas! j'ai beau faire ; je me sens pris de
nostalgie, de mélancolie, de philosophie :
l'azur de tes yeux ne chassera pas le noir de
mon âme, méfie-toi, ma fille. méfie-toi! Ton
oncle va être sombre comme la nuit et en-
nuyeux comme la pluie. Tu es prévenue, au
moins; tu n'auras rien à lui reprocher. Et
maintenant, nous pouvons nous en retourner
à Paris pour en partir. Partir! le mot est dit!
Tu es bien jeune encore, et cependant combien de fois déjà es-tu partie? Combien d'a-
dieux as-tu déjà faits? Combien de larmes
as-tu déjà coûtées et versées! Qu'est-ce donc que
la vie, sinon une série d'adieux incessants,
perpétuels; de départs successifs, nous pré-
parant au grand départ? Je n'ai jamais su

partir. quant à moi. Lorsqu'il a fallu quitter
la famille pour le collége. j'ai terriblement
pleuré ; quand il a fallu quitter le collége. je
me suis retourné bien des fois vers ces vieux
murs que ma première enfance appelait sa
prison, et j'ai eu grande émotion à me dire
que plus jamais je ne rentrerais là, que plus
jamais je ne me réveillerais le matin ni ne
m'endormirais le soir avec ce monde de ca-
marades où je laissais tant de vieilles amitiés.
Et, dans l'intervalle, au temps des vacances,
où donc n'ai-je pas laissé de chagrins et de
regrets? Saint-Cloud, Chartrette, Azay-le-
Rideau, Pornic, — autant de haltes, autant
d'épaves de mon cœur! Et j'avais à peine dix-
huit ans. quand je comptais tant d'adieux !

As-tu remarqué, mon enfant. comme le
souvenir des tristesses peut avoir de charmes? Un ancien a dit: « Je ne sais quelle
amertume se mêle au plaisir même. » Cela
est vrai. et la contre-partie n'est pas moins
vraie ; c'est pour ne rien forcer que je place
dans le souvenir de la douleur ce je ne sais
quel mystérieux attrait. Veux-tu que je te
raconte les dernières phases de mes derniers

adieux ? C'est le lundi 4 septembre que je devais quitter les miens, et pour quelle absence !

Dès le dimanche, j'avais ressenti les symptômes de ce mal que j'appellerai le mal du départ : fatigue générale, courbature morale ; on traîne dans les chambres, on n'a pas envie de sortir, et l'on maudit les courses obligées qu'on a gardées pour la fin. Au déjeuner point d'appétit ou un appétit factice ; des regards furtifs et profonds tout à la fois où le cœur interroge les cœurs : des conversations coupées ou des éclats de gaîté violente ; la journée est longue. Si le ciel est beau, c'est ironie ; s'il pleut, ce sont des larmes qui tombent sur nos tristesses. C'est assez pourtant de ces quelques heures pour faire de la douleur une habitude ; le dîner est moins gêné, plus naturel que le repas du matin, bien qu'entremêlé de réflexions attristées, ou de réticences, de prévisions et de promesses qui sentent la séparation.

La soirée est toute à la famille, à moins que les connaissances n'interviennent, qu'on ne souhaite pas. La mère, attentive et qui

11

se sacrifie comme toujours, vous parle des chers enfants qui vous attendent et que vous aurez tant de joie à revoir.....; elle a raison ; mais, puisque vous aurez tant de joie à revoir ces enfants, quelle peine allez-vous donc laisser à votre mère qui vous quitte pour si longtemps peut-être! Vos oreilles l'écoutent, votre cœur la devine, et vous tâchez en effet de vous consoler par la pensée du retour, sans vous pouvoir détacher ni désattrister de l'idée du départ. Puis, après que la soirée s'est traînée en sérieux entretiens, qui ont plus ou moins absorbé, plus ou moins distrait les sentiments secrets du cœur, on se sépare, et la nuit passe sur votre chagrin, ou très longue, si le sommeil ne vient pas, ou très lourde, si la fatigue physique l'emporte

Le lendemain, qui est le dernier jour, n'est qu'agitation et fièvre ; on le dépense en petites courses et en retours fréquents, comme si l'on s'essayait a l'absence ! On fait sa malle et on la défait; on la refait et on la redéfait pour y entasser tellement quellement ces mille riens qu'on rapporte, ou tous ces gentils présents que les grand'mères et les on-

cles improvisent pour leurs petits-enfants ou
leurs neveux et nièces. Ici se mêlent quelques - unes des consolations présagées :
« Comme ces pauvres petits seront heureux !
Qu'ils seront contents que je revienne et que
je revienne surtout les mains pleines ! Qu'elle
est bonne, leur grand'maman ! » Et, à ce mot
de grand'maman, me voilà retombé dans les
tristesses ! Ce jour-là, le temps est long et il
passe vite : la minute présente a cent-vingt
secondes, mais l'heure passée n'avait pas
trente minutes. Il est temps de partir enfin ;
la malle est fermée, le fiacre attend..... Je re-
fais une fois, deux fois le tour entier de l'appartement, comme pour dire aux choses:
« Je ne vous oublierai pas ; tâchez de vous
souvenir de moi et de me rappeler le plus
longtemps possible à ceux que j'aime! » Et
l'on part.

Quelle course que cette dernière course !
Il semble que le cocher ait pris à tâche de
précipiter ce départ et de hâter la séparation.

Et même quand il marche, on croit qu'il a
des ailes !

Mais voici l'embarcadère ; on arrive, on

est arrivé... ici le sentiment disparaît, s'efface; l'ahurissement vous a pris pour ne plus vous lâcher; et si l'on embrasse vingt fois sa mère, ce n'est pas plus étonnant que si on oubliait absolument de lui dire adieu. Si seulement on n'était pas si bête que de n'oser pas pleurer! Si la vanité humaine n'en arrivait pas à ce degré de bêtise qu'elle rougit des meilleurs sentiments et craint le ridicule des plus saintes douleurs! C'est comme cela, enfin : l'homme ne se refait guère : ce qui est un de ses plus grands torts. Un coup de cloche; un dernier regard, un dernier baiser, et les deux douleurs se séparent et la pire douleur n'est sans doute pas la tienne, ô voyageur qui, à l'arrivée, retrouveras tant de baisers et de tendresses!

Et d'ailleurs, (j'allais presque t'oublier, ma chère Renée!) n'es-tu pas là pour consoler ma peine et fortifier mes vieilles faiblesses? Pardonne-moi. Je ne pars point seul puisque vous m'emmenez, ta mère et toi, et que je vous suis un chevalier utile, comme vous m'êtes de charitables campagnes. Faites votre œuvre, Mademoiselle, et de votre char-

mant sourire forcez votre oncle à s'égayer.
Fort bien ; mais je ne vois pas votre regard
dans la pénombre du wagon ; c'est à peine
si j'entends votre voix au bruit assourdissant
de la locomotive. — Il est neuf heures ; la
campagne est noire comme un four ; le chevalier discourtois s'enveloppe dans son pa-
letot, s'enfonce dans son coin, réfléchit, soupire et s'endort.

A cinq heures du matin, nous sommes à
Mâcon ; à dix heures nous sommes à Genève :
cinq heures d'enchantement continu et de
pur ravissement. Quel pays que celui-là ! Et
que la France est belle, partout belle et partout chère ! Comme on se souvient peu, au
sein de cette admirable nature, dans ces heu-
reuses vallées de la Saône, parmi ces bois
riants et ces montagnes pacifiques, combien
peu l'on se souvient que la guerre a fait là-
bas tant de ruines et tant de deuils ! Est-il
possible qu'on détruise si inutilement une si
belle œuvre, et qu'on s'entretue si mécham-
ment, si bêtement au lieu de jouir de cette
sérénité et de cette paix enivrante ! Si j'étais
poète ou peintre, et, surtout, si tu n'étais pas

si pressée, ma fille, je m'arrêterais à quelque
description de ces pays fortunés ! mais quel
bonheur que tu m'entraînes pour ceux qui
me lisent et pour moi-même !

Voici Genève ! Description inutile ; ou l'on
connaît Genève, ou, si on ne connaît pas Genève, la plus belle toile du monde n'y fera
guère plus que la plume d'or du poète ; et je
n'ai qu'une plume d'oie. — Remarque, mon
enfant, que ces exclamations ne sont jamais
qu'une ruse et qu'après avoir déclaré l'im-
possibilité de rien décrire, on entame toujours sa petite description. Restez donc impassible aussi, si vous l'osez, si vous le pou-
vez, devant ce lac enchanteur, aux eaux bleues
comme la Méditerranée ; devant ce mont
Blanc tout resplendissant de lumière ; devant
ce grandiose si aimable, devant cette majesté
si charmante ! Ah ! je conçois que la liberté
ait choisi cet asile de préférence à nos cités
bruyantes ! L'air est si pur, l'horizon si
vaste, le ciel si découvert ! La liberté aime
l'espace, et si ses pieds foulent notre sol, sa
tête aime à regarder le ciel : Nous lui de-
mandons trop chez nous de ne considérer

que nous, et de nous encore, que les avanta-
ges matériels, les intérêts personnels, le bien
être plus que le bien-faire. Nous lui sacrifions nos rois, cela ne nous coûte rien ; mais
nous ne lui sacrifions pas nos passions, qui
nous sont chères. Elle doit faire tout pour
nous, qui ne faisons rien pour elle : voilà
pourquoi nous nous entendons si peu, elle et
nous !

Arrête-moi, arrête-moi, ma chère fille ;
me voilà revenu à cette horrible politique
où je m'entends si peu et qui m'ennuie si
fort ! ce n'est vraiment pas la peine d'aller à
Genève pour y reparler des ruines de Paris·
Occupons-nous d'abord d'y trouver un bon
gîte ! J'ai là une ancienne connaissance que
je renouvellerai volontiers : il y a quelques
dix ans, j'ai habité l'hôtel Victoria ; l'hospitalité y était bonne ; veux-tu que nous y dres-
sions notre tente, autrement dit, que nous y
fassions porter nos malles ? Nous sommes à
proximité du chemin de fer, et plus tôt, par
conséquent, nous recevrons l'ami qui nous
rejoint. C'est dit, n'est-ce pas ? Et aujour-
d'hui, c'est fait ; mais n'est-ce pas que j'ai eu

raison. et que ce brave petit hôtel est des plus c nfortables, qu'il est honnête et de bon air ? Tu ris de mes minuties, ma fille ; que veux-tu ? on devient plus difficile en vieillissant. C'est triste à dire ; mais il est fort agréable d'avoir une bonne table et d'avoir un bon lit, — quand on n'a plus les raisons que tu avais de n'être pas exigeante : demande à ta mère elle-même ! Au surplus, si faiblesse il y a, passe-moi mes faiblesses, et je t'accorderai tout ce que tu voudras ; qu'il est de bonne heure à minuit pour attendre ceux qu'on aime et que ce qu'il y a de beau en Suisse, c'est le salon d'un hôtel où l'on cause avec son fiancé à côté d'un oncle qui digère. J'ai eu dix-huit ans, ma chère fille, et j'étais tout à fait de ton avis alors, comme je suis de mon avis à présent

Aussi le mieux est-il de t'abandonner à tes souvenirs et à tes espérances en formant toute sorte de vœux pour un bonheur que tu mérites. Et mes fonctions remplies, je repars-Seul, cette fois ; mais c'est la dernière. Que ce départ-là ressemble peu au premier ! Je laisse trois heureux, qui vont m'oublier avec

le plus touchant accord: qu'ils sachent bien
au moins, qu'ils sont compris et pardonnés!
Point de tristesse derrière moi; et ce soir,
tous les miens, sauf mon Camille, tout mon
cher monde surpris, radieux, avec un ravis-
sant arriéré de tendresse! Ah! que le train
direct va donc lentement! Que ces côtes sont
pénibles à gravir! que ces stations sont fré-
quentes! Fribourg m'agace; Berne m'irrite;
Olten m'assomme, et le hasard, cependant,
m'a donné pour compagnons le plus gentil
couple du monde: nous ne nous quittons pas
de Genève à Bâle, et quand il faut se dire
adieu, cette connaissance de six heures me
fait l'effet d'une longue amitié. Puisque je
ne vous reverrai peut-être jamais, madame
laissez-moi vous dire, en vous serrant la
main, que vous avez bien la plus jolie main
qui soit de Mulhouse à Francfort.

Neuf heures! Je viens de quitter Bâle où
je me suis morfondu pendant toute une
heure, le temps qu'il m'aurait fallu pour
arriver à Mulhouse. Dieux! l'éternel voyage
que ce voyage de cinquante minutes! Comme
tout en est déplaisant, depuis Saint-Louis et

sa douane jusqu'à ces gaîtés du dimanche qui crient et chantent à toutes les stations de la route! Que de points d'interrogation sur les surprises de l'arrivée! Moins nombreux, j'en réponds, sont les poteaux du télégraphe. Et ma femme? Et mes enfants? Et le grand père? Et les santés? Et ceci, et cela? L'enumération est bien trop longue pour que je l'entreprenne. Mieux est de courir à la maison, — et de tirer un voile sur l'accueil qui m'est fait ; qui donc ne saura pas lever ce voile?

Hélas! je n'ai pas encore achevé ma ronde et embrassé tous ces fronts endormis qu'une nouvelle, la moins attendue et la plus affligeante, a suspendu mes tendresses. La mort a frappé chez mes meilleurs amis; la mort impitoyable a emporté en quelques jours, en quelques heures, une femme excellente qui fut l'âme même de sa famille, le dévouement et la charité dans cette ville de Mulhouse où le dévouement et la charité se prodiguent : Madame Steinbach n'est plus! Quoi? C'était là la nouvelle qui devait accueillir mon arrivée! A peine si j'y puis croire

encore! C'est qu'en effet, elle ne devait pas
mourir; c'est qu'elle vit dans le cœur de
ceux qui l'ont connue; elle vit dans le souvenir des malheureux, dans la reconnaissance des affligés. C'était la bonté, et la
grâce dans la bonté; c'était la femme *la plus
mère* que j'aie connue; que j'aie admirée;
que j'aie aimée. Trop peu d'amis sauront,
pas un ami n'oubliera ce qu'en ces dernières
années elle dépensa d'énergie et de tendresses, d'activité et d'intelligence, je dis cette
intelligence de cœur qui devine et allége la
douleur, qui charme et guérit la souffrance ;
elle avait l'art de la charité. Elle a usé sa
vie à ce long renoncement ; ayant veillé
deux années sans trève et sans relâche, elle
s'est endormie, — et Dieu a dit qu'elle ne
se réveillerait plus! Dormez votre sommeil, douce amie des affligés! Reposez-vous
enfin ; ceux que vous aimiez vous aiment
et se souviendront !

Ainsi donc, des larmes au départ, des
pleurs à l'arrivée! — Et voilà la vie, voilà le
tableau que je présente à tes dix-huit ans radieux! Pardonne-moi, ma chère Renée : je

t'ai conté mes tristesses, je ne devais pas oublier la pire douleur. Comptais-je au surplus
avec toutes les douleurs? Si je pouvais tout
dire, ô mon enfant, si je pouvais tout dire!....
Je dirais... que la guerre qui a frappé l'Alsace, en atteignant Mulhouse, a atteint le
patriotisme dans ce qu'il avait de plus dévoué, le travail dans ce qu'il avait de plus
glorieux et de plus fécond, la charité dans ce
qu'elle avait de plus désintéressé, la France
dans ce qu'elle avait de plus français!

Dieu protège la France! Dieu protège l'Alsace!

Et, sur ce, je te dis « à revoir », ma chère
enfant! Aime-moi de tout ton cœur et plains-
moi de toute ton âme, à condition, toutefois,
de plaindre encore plus et d'aimer mieux encore cette patrie qu'il faut aimer moins que
Dieu, mais plus que tout! A revoir!

LA DERNIÈRE AVENTURE

Conte en vers.

J'étais loin, et déjà bien loin de ma jeunesse ;
J'avais depuis longtemps passé l'heure d'aimer.
Mon cœur ne devait plus jamais se renflammer
Et se laissait gagner à la vague tristesse
Que l'on sent beaucoup mieux qu'on ne peut l'exprimer
Quand la première ride annonce la vieillesse.

———

Puisque Dieu l'a voulu, n'en ayons pas souci.
L'existence ressemble au jeu de qui perd gagne,
Et les choses d'en bas sont bien faites ainsi,
Honni soit qui vous dit que la vie est un bagne !
Lorsque les fleurs d'été manquent à la campagne,
Le premier fruit d'automne est doux à voir aussi.

———

Un bon auteur a dit : « A chaque jour, sa peine ! »
Sa peine ? Je veux bien ; mais aussi son plaisir.
Le présent qui s'enfuit est si tôt l'avenir !
Ainsi que les anneaux enlacés d'une chaîne,
Maux et biens tour à tour forment la vie humaine :
Jeunes, sachons aimer, et, vieux, nous souvenir.

———

Aussi bien l'existence est décidémnt bonne
Et Dieu qui nous créa le fit en souriant.
Mais ne trouvez-vous pas. monsieur, que je raisonne
Comme un docteur tout frais émoulu de Sorbonne ?
Voilà, sans y songer, comme on tourne au pédant,
Et comme le métier déteint sur le talent !

—

Mais laissons de côté les biens, les maux, la vie,
Ces hautes questions de la philosophie.
A quoi bon? Je n'ai rien qu'une histoire à conter.
D'honneur. si cet exorde à quelqu'un fait envie,
Je n'y tiens pas du tout et veux le lui prêter.
Après cela, daignez, bon lecteur, m'écouter :

—

J'avais (c'est entre nous) passé la cinquantaine,
Et moins vieux toutefois malgré mes cheveux blancs,
Moins blasé, moins usé que nos plus jeunes gens,
L'estomac excellent, le cœur bon, l'âme saine, —,
— J'en parle sans orgueil pour en parler sans gêne—
Je rendais grâce à Dieu de ses derniers présents.

—

Je n'aimais plus le jeu : le whist et la bouillote
Ne me procuraient plus la moindre émotion.
Le tabac n'eut jamais mon adoration :
Aimer, quand on est vieux, est chose bête et sotte.
Il faut avoir son âge, et toute passion,
Qui n'est plus de son temps, est mensonge ou marotte

—

Donc je passais mon temps à faire un peu de bien.
Ayant assez longtemps vécu comme un païen,

Je ramenais vers Dieu ma tendresse dernière :
Ainsi l'enfant revient tôt ou tard vers sa mère
Si simple qu'il paraît, c'est un fort bon moyen
De regarder au ciel pour mieux quitter la terre.

———

Le mouvement trompait les ennuis de mon cœur :
Je voyageais beaucoup ; la nature est si belle !
Si puissante est la main du Dieu qui s'y révèle !
L'œuvre m'entretenait si bien de son auteur !
Et j'adorais, ému d'une sainte ferveur,
Sous les cieux étoilés la sagesse éternelle.

———

J'avais vu l'Angleterre et ses affreux brouillards.
Madrid et son soleil, la terre des Césars ;
J'avais vu tes flots bleus, ô Méditerranée
Et ce beau doux pays, la terre fortunée
Où soupire l'amour, où fleurissent les arts,
Où Laure aima Pétrarque, où Béatrix est née !

———

Tous ces pays. pourtant, ne valent pas le mien ;
Le plus beau, le meilleur, c'est encore la France.
Paris même, entre nous, avait la préférence ;
Car je m'y sens chez moi... Chez soi, l'on est si bien !
Le ruisseau de ma rue est une connaissance
Et l'heure la meilleure est celle où je revien.

———

Pour finir dignement, j'avais gardé la Suisse,
La Suisse, doux pays, enchanteur, enchanté.

Je ne sais pas vraiment quel bizarre caprice
M'en avait sans raison de tout temps écarté.
Un jour enfin, un jour que l'air était propice
Et septembre engageant comme un soleil d'été,

—

La résolution étant prise et bien prise.
Je sonnai le départ et bouclai ma valise. —
Ce que j'aime le mieux, cher lecteur, d'un roman,
Ne l'achevant jamais, c'est le commencement.
Le départ me plaît fort aussi, mais la franchise
M'oblige à déclarer le retour plus charmant.

—

Il faut, quand on est vieux, voyager à son aise.
Justement nous n'étions que quatre voyageurs,
Un superbe Monsieur, un Hercule Farnèse,
Parfumé comme un Turc, raide comme une Anglaise,
Jeune encore, et doué d'un de ces airs vainqueurs
Qui blessent certains yeux, mais fixent certains cœurs

—

Rayonnante d'orgueil en face du beau sire,
Tandis qu'un pauvre enfant se morfond à l'écart,
Une dame, encor jeune, attire le regard,
Assez jolie, avec ou malgré son sourire,
J'aurais trente ans plus tôt rendu grâce au hasard ;
Je restais impassible, à présent, sans rien dire.

—

L'œil brillant et lascif s'enflammait sans chaleur ;
La volupté fiévreuse en bannissait la grâce

Sans pouvoir animer certain fonds de pâleur.
Le sourire était sec et froid comme la glace ;
Et son constant effort tenait de la grimace.
Cette dame manquait évidemment de cœur.

—

Oh ! Certe, elle en manquait ; car son regard qui brille
Ne se tourne jamais vers l'enfant aux yeux bleus
Qui l'appelle maman de sa voix si gentille :
Une enfant blonde et pâle, une petite fille
Que moi, vieux et garçon, je dévorais des yeux.
Comme un rayon béni qui nous tombe des cieux.

—

On la nommait Lucy, cette chère mignonne ;
Elle causait fort bien et sans nul embarras,
J'avais craint tout d'abord que ma vieille personne
N'offrit pas à ses yeux de suffisants appâts.
Non. Elle vint à moi, simple, naïve, et bonne,
Et le soir s'endormit très bien entre mes bras.

—

Or nous avions causé le long de la journée
Comme deux vieux amis qui n'ont pas de secret.
Elle me conta tout ; comment sa sœur aînée
Était morte au printemps de la dernière année,
Et comment son papa tant pleurait, tant pleurait [rait.
Que lui-même, à son tour. deux mois plus tard mou-

—

[non, dit-elle ;
— « Ce monsieur n'est donc pas ton papa ? « —
Non. ce n'est pas le vrai ; l'autre m'aimait bien mieux

12

Ainsi, quand il perdit ma bonne sœur, Adèle,
Si vous saviez les pleurs qui lui tombaient des yeux !
Alors en m'embrassant : « Cher ange aimé des cieux,
Survivras-tu bien, seule, à notre amour fidèle ? »

—

« Puis, il est mort un jour. Oh ! je l'ai bien pleuré,
Monsieur ; maman aussi ; car elle aimait mon père. »
Et la pauvre petite, en regardant sa mère,
Se sentait, j'en suis sûr, le cœur triste et serré :
Tandis qu'en me cachant j'essuyais ma paupière,
Madame contemplait son superbe adoré.

—

Après les douze mois consacrés du veuvage,
Elle avait épousé le joli personnage.
L'enfant avait reçu plus d'un riche présent ;
Mais un seul lui plaisait : un médaillon d'argent
Qui contenait son cher et pieux héritage,
Des cheveux gris mêlés à des cheveux d'enfant.

—

Age heureux et charmant ! Ah ! que je les envie,
Ceux dont le souvenir, présent à tes douleurs,
Après un temps si long t'arrache encor des pleurs ;
Tu le sauras bientôt que deux ans dans la vie,
C'est deux fois ce qu'il faut, hélas ! pour qu'on oublie
Les moins indifférents, et souvent les meilleurs.

—

Age heureux et charmant ! Innocence, innocence,
Qu'il fait bon pour aimer suivre votre leçon,

Chers enfants, joie, orgueil, trésor de la maison !
O Lucy, de combien ta naïve ignorance
Dépasse notre vaine et triste expérience !...
Et dire qu'on est vieux et qu'on mourra garçon !

—

L'agréable voyage et la bonne journée !
Quand le soir arriva, la pauvre abandonnée
S'endormit dans mes bras tout en me souriant.
La mère m'avait dit merci, tout étonnée
Qu'on pût prendre à sa fille un intérêt si grand !
Moi, je pensais au père en regardant l'enfant.

—

Dès le deuxième jour, ô charme du voyage,
Nous nous aimions au point de ne plus nous quitter.
J'étais le bon ami ; j'avais à raconter
Tout ce que j'avais vu depuis mon plus jeune âge.
Les enfants mieux que nous savent sur qui compter,
Et le choix de leur cœur est toujours le plus sage.

—

Je n'avais pas de but en partant de Paris ;
Où ma petite amie allait, je la suivis ;
Et c'est de la façon que je vins à Lucerne.
L'atmosphère était lourde, et ciel était gris :
Et sous le pont couvert, une maigre lanterne
Projetait sur le lac sa lueur pâle et terne.

—

Que m'importait ? Lucy me tenait par la main,
Et je réglais mon pas sur son pas enfantin.

C'est moi pour quelque temps qui veillerais sur elle,
Moi qui recueillerais ses baisers du matin,
Moi qui lui ferais voir combien la Suisse est belle,
Moi qui lui parlerais de son père et d'Adèle !

—

Don Juan ne dort pas quand il songe à l'amour.
Roméo ne sait plus auprès de Juliette
Si c'est le rossignol qui chante ou l'alouette ;
Si c'est matin ou soir, si c'est nuit, si c'est jour ;
Sans être Roméo, tout amant, à son tour
Ne peut plus fermer l'œil dès qu'il est en conquête.

—

Comme eux j'ai fait nuit blanche; et de fort bon matin
J'attends sous le balcon ma petite conquête.
La voilà fraîche et rose, un ange, un chérubin !
La voilà gracieuse, et pas du tout coquette :
Les mamans pour la voir tournent souvent la tête.
Et les petits garçons prennent un air faquin.

—

Nous vécûmes huit jours une charmante vie.
J'avais si bien flatté la mère de m'amie
— O profanation ! ne pas être honteux
D'attendre à cinquante ans pour tomber amoureux
Que l'on me confiait la mignonne chérie ;
Et nous nous en allions bravement tous les deux.

—

D'honneur, j'étais l'amant le plus heureux du monde.
Promenant notre course errante et vagabonde

Au gré de ses plaisirs, par les vaux et les monts,
Un jour sur la co line, un autre jour sur l'onde,
Elle me racontait ses admirations ;
Et nous étions heureux, et nous nous le disions !

—

Comme à ce doux contact de l'enfant qui nous aime,
Tout se revêt de grâce et nous semble meilleur !
J'éprquvais je ne sais quelle douceur suprême
A lui montrer partout la main du Créateur,
Dans ces rocs effrayants, dans ce lac enchanteur,
Dans l'infini des cieux, son éternel emblème.

—

O lac, beau lac aimé, que de fois, vers le soir,
Lorsque tombe la nuit calme et silencieuse,
Nous avons admiré, de paresse amoureuse
La lune regardant à ton pâle miroir !
Ainsi le souvenir, ce reflet de l'espoir,
S'illumine de joie à l'heure douloureuse !

—

Hélas ! qu'elle était près, l'heure du souvenir !
C'est la commune loi · Rien ne dure sur terre,
Et comme la douleur la joie est éphémère.
Un jour je ne vis plus Lucy... Monsieur son père
Trouvant les lits mauvais, s'avisa de partir
Et de chercher ailleurs bon lit et bonne chère.

—

Je ne vous dirai pas le vide de mon cœur.
Rien ne me tentait plus sans ma douce compagne,

Ni glacier, ni torrent, ni vallon ni montagne.
Je traversai le lac dans sa grande longueur,
Comme un soldat blessé qui revient de campagne,
Indifférent à tout, hormis à sa douleur.—

—

Tant que je ne vis rien la dernière semaine,
Ni Gersau, ni Brunnen, ni l'âpre Saint-Gothard,
Rien de ce qu'à mes yeux déroula le hasard,
Rien qu'un petit bouquet, quelques brins de verveine,
Qu'elle me fit remettre au moment du départ
« Pour me remercier, dit-elle, de ma peine. »

—

Ma peine ! chère enfant, ignore-la toujours !
Ma peine ! ô ma Lucy, dis bien plutôt la joie
De cet ami d'un jour que l'âge attriste et ploie.
Du jour où tu partis ma peine a pris son cours
Et ne cessera point que je ne te revoie,
Lucy, chère Lucy, mes dernières amours !

MULHOUSE — IMPRIMERIE DE L. G. BADER

www.ingramcontent.com/pod-product-compliance
Lightning Source LLC
Chambersburg PA
CBHW070404090426
42733CB00009B/1527